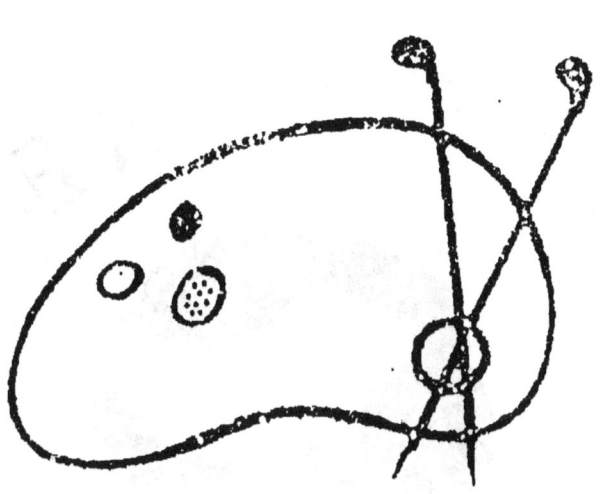

Début d'une série de documents en couleur

ŒUVRES COMPLÈTES DE PIGAULT-LEBRUN

GRANDES & PETITES AVENTURES

A. DEGORGE-CADOT, ÉDITEUR
PARIS — 9, RUE DE VERNEUIL, 9 — PARIS

Tous droits réservés

MENTION HONORABLE
A L'EXPOSITION UNIVERSELLE DE 1878

LA
BONNE CUISINE
MANUEL COMPLET

PAR

E. DUMONT

Fort volume de 674 pages

CARTONNAGE SOIGNÉ — DOS EN TOILE

ORNÉ DE NOMBREUSES GRAVURES

PRIX : 3 FRANCS

FRANCO, FRANCE ET ÉTRANGER 3 Fr. 50

PARIS
DEGORCE-CADOT, ÉDITEUR
9, RUE DE VERNEUIL, 9

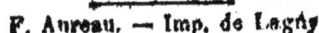

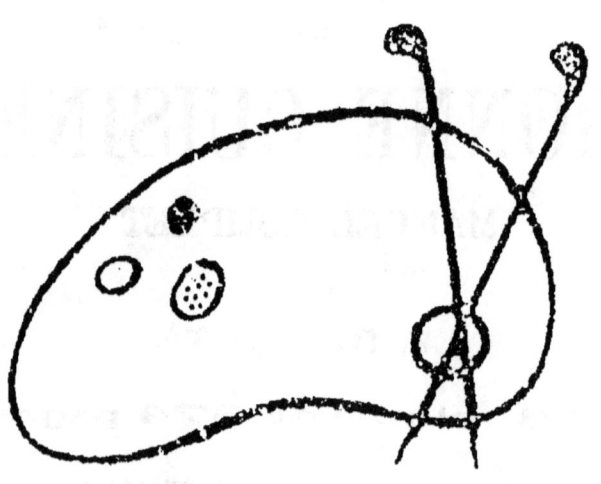

Fin d'une série de documents
en couleur

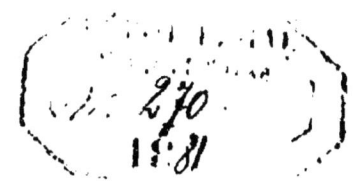

GRANDES & PETITES

AVENTURES

F. AUREAU. — IMPRIMERIE DE LAGNY.

PIGAULT-LEBRUN

GRANDES & PETITES
AVENTURES

A. DEGORCE-CADOT, ÉDITEUR
PARIS — 9, RUE DE VERNEUIL, 9 — PARIS

Tous droits réservés

MES GRANDES

ET

PETITES AVENTURES

I

DEUX PÈRES

La vie de Pigault-Lebrun est fertile à tel point en aventures singulières, en intéressantes péripéties, en événements remarquables ou bizarres, que plus d'un lecteur sera tenté de nous accuser sans doute de nous être laissé séduire par l'exemple de ce romancier, et d'avoir fait, en écrivant son histoire, des appels bien plus fréquents à notre imagination qu'à nos souvenirs. Un tel reproche serait injuste cependant, et nous devons d'avance le repousser. Certes, dépeindre un homme du caractère de Pigault, noble, ardent, généreux, plein de verve et d'exaltation toutes les fois que l'honneur ou l'imagination sont en jeu, nous aurions pu ne nous arrêter qu'aux bornes du possible; nous avons préféré nous renfermer dans les limites rigoureuses du vrai. Si donc cette histoire présente presque toujours le vif intérêt du roman, c'est le mérite qui lui est propre et qui n'a rien coûté à la véracité de l'historien.

Pigault-Lebrun est né à Calais le 8 avril 1753 ; son père, un des premiers magistrats de la ville, descendait de ce célèbre Eustache de Saint-Pierre, dont le généreux dévouement sauva sa patrie et ses concitoyens des fureurs d'Edouard d'Angleterre. Fort jeune encore, Pigault commença ses études, et ses progrès furent si rapides que, dès l'âge de quatorze ans, il avait terminé sa rhétorique.

La France alors était loin de présenter ce prospère aspect de force et de gloire qui l'avait élevée si haut aux beaux jours du règne de Louis XIV, et que devait bientôt lui rendre le généreux essor d'une grande régénération politique. Un rapide aperçu de la situation du pays à cette époque ne sera pas inutile ici ; car c'est à l'impression profonde que dut faire sur l'esprit réfléchi de Pigault l'état de faiblesse et presque de mépris où était tombée, par suite des déportements de la cour et des scandaleux empiètements du clergé, cette monarchie si puissante naguère, qu'il faut attribuer la haine vigoureuse et profonde qu'il conserva toute sa vie contre la bassesse des courtisans et du bigotisme ambitieux.

Louis XV, incapable de régner par lui-même, régnait par les femmes et le clergé ; c'était dans les bras et presque sur le chevet de madame de Pompadour que le prince destituait les parlements, connivait à des lois désastreuses et nommait ses généraux. Depuis longtemps le peuple avait oublié le titre de *bien-aimé* donné dans un moment d'erreur et d'entraînement ; et cet oubli, grande leçon pour les rois, n'excitait en lui aucun remords.

Le reste de l'Europe semblait partager cette inertie : l'Espagne et l'Italie n'avaient alors qu'une ombre d'existence politique ; la Pologne, qui n'avait pas encore le faible Poniatowski pour roi, ne lisait que dans un avenir incertain le partage de sa souveraineté ; l'Autriche s'appuyait à grand'peine sur son antique renommée; le trône de Pierre le Grand s'essayait en silence à de grandes choses; deux puissances enfin pouvaient seules donner de l'ombrage à la France : la Prusse, dont toute la force était dans la tête du grand Frédéric; l'Angleterre, dont la marine formidable constituait la puissance.

La paix de 1763 avait été, dans ses bases, le triomphe de l'Angleterre : la France, en lui cédant le Canada, le cap Breton, la Grenade et toutes les îles du fleuve Saint-Laurent, avait réduit ses possessions hors du continent à la petite île de Gorée au Sénégal, et dans l'Inde à quelques comptoirs sans fortifications sur la côte de Coromandel.

Pour aggraver encore l'opprobre qui pesait sur la tête de l'esclave couronné de madame de Pompadour, on le força à renoncer à la restitution de ses vaisseaux pris au sein de la paix; il fut statué que Dunkerque resterait démantelé et sous l'inspection d'un commissaire anglais : c'est à ce prix que le duc de Bedfort plia l'orgueil de son cabinet jusqu'à rendre à la France la Guadeloupe et la Martinique.

Certes, une pareille paix était un crime de lèse-gouvernement; mais si l'on se reporte en esprit à l'époque où elle fut arrachée à la faiblesse française, si l'on réfléchit que l'ineptie d'une insolente favorite amenait nos désastres dans les quatre parties du monde, que la marine des Tourville et des Forbin n'existait plus, que nos colonies en ruine appelaient en vain des vengeurs, on sera moins tenté de flétrir la mémoire du duc de Choiseul, qui la conclut : ce ministre, d'ailleurs, dont le coup d'œil perçant savait lire dans l'avenir, ne pressentait-il pas que dans ces moments déplorables, gagner du temps c'était gagner des victoires? Instruit par l'histoire mémorable de toutes les dynasties, ne réfléchissait-il pas que l'honneur français peut se couvrir d'un voile, mais non s'anéantir? N'était-il pas évident pour lui, comme pour tous les bons esprits de l'époque, que l'Europe, arrivée par la maturité de ses couronnes à une sorte de décrépitude, demandait pour se régénérer une secousse violente, que tout l'art des gouvernants devait tendre à reculer ?

De hardis écrivains cependant signalaient chaque jour la faiblesse ou la perfidie de notre timide politique; des hommes de génie, convaincus que la manière la plus sûre de hâter l'affranchissement du peuple était de l'éclairer sur ses devoirs et ses droits, réunissaient en faisceau et leurs talents et leurs efforts pour atteindre ce noble but : Voltaire faisait faire un pas immense à la raison en combattant de sa verve acérée, de sa logique puissante, les abus oppresseurs et les ridicules superstitions; ce grand homme ne permettait pas à son siècle de rester sourd à la vérité; ses judicieuses leçons, ses rudes critiques, ses satires piquantes étaient le fléau continuel des préjugés; et à l'école de ce grand maître se formaient chaque jour une foule d'ardents prosélytes, disciples convaincus, destinés à répandre et à pratiquer les enseignements précieux que le solitaire de Ferney savait présenter sous une forme si séduisante et si aimable. Bien jeune encore, Pigault embrassa avec passion les doctrines prêchées par ce hardi philosophe, et ce fut en vain que les efforts de son père tentèrent de le détourner de cette voie où sa jeune imagination découvrait le puissant caractère de la vérité, où son cœur généreux se sentait soutenu par le noble espoir d'être utile.

Le père de Pigault était un brave et respectable gentilhomme bourgeois, d'une probité sévère, de mœurs irréprochables, bon père, généreux citoyen, mais entiché de tous les préjugés du temps, repoussant sans examen toutes les idées nouvelles, et damnant sans pitié tous les novateurs. Dans la discussion, et en cela il ressemblait à son insu au docteur Pangloss, dont il n'avait assurément pas lu les mémorables aventures, son grand argument était

« que tout ce qui est est bien, par la raison que cela est. »

— Mais, mon respectable père, lui disait le jeune homme, vous niez donc le mal?

— Non, monsieur le raisonneur, mais je soutiens qu'il est nécessaire.

— Et s'il était possible de diminuer la source du mal?

— Ce serait tant pis, et l'on aurait tort de le faire. Vraiment, il n'y aurait qu'à lâcher la bride à vos brouillons, et nous en verrions de belles ! Ne serait-ce pas, par exemple, une chose bien honorable pour notre pays que de voir tous les Français égaux?... Parbleu ! messieurs les philosophes, je vous tiendrai pour d'habiles gens quand vous aurez trouvé le moyen d'empêcher un gentilhomme d'être le fils de son père !

— Mais enfin ?

— Ah ! je suis désintéressé dans la question, parbleu ! ma noblesse à moi, la vôtre, monsieur, car, bien que vous lisiez l'*Encyclopédie* vous êtes encore mon fils, ce n'est pas une noblesse de parchemin, c'est une noblesse de cœur, de dévouement, d'héroïsme, et quel philosophe m'empêchera de me glorifier de descendre d'Eustache de Saint-Pierre?... Savent-ils seulement ce qu'il a fait, Eustache de Saint-Pierre, vos encyclopédistes, qui intitulent leur monstrueux ouvrage dictionnaire, et qui ne font mention de lui à aucune lettre?... Il s'est mis une corde au cou et s'est rendu dans le camp des Anglais pour se faire pendre... C'est le Régulus de nos temps...

Et le bon père s'échauffait si fort que le jeune homme renonçait bien vite à la controverse, de peur qu'à la suite de ses arguments *ad hominem*, l'honnête magistrat ne cherchât à le convaincre par des raisons plus péremptoires ; mais cette résignation n'était qu'apparente, et le jeune Pigault se dédommageait de la contrainte qui lui était imposée par tous les moyens que lui suggérait son esprit caustique et railleur : ainsi il ne tarissait pas en épigrammes sur les chanoines, les échevins, les nobliaux campagnards ; il chansonnait sans pitié la vertu des dames de haut parage, et se moquait, sans égards ni merci, de messieurs les gens du roi, voire des collègues de son très honoré père.

— Décidément, lui dit un jour celui-ci, j'acquiers chaque jour la triste conviction que le métier de gentilhomme ne vous convient nullement : j'en suis fâché, je vous l'avoue, mais enfin le mieux, ce me semble, est de se conformer à votre goût ; vous irez en Angleterre : j'ai à Londres certain ami qui aura sans doute le bonheur de vous plaire ; il n'a pas le tort d'être gentilhomme, celui-là : c'est un estimable négociant qui vous initiera aux vulgaires connaissances de sa profession. C'est un assez triste lot assurément pour un descendant d'Eustache que de devenir marchand ; mais vous ne pouvez jouir des bénéfices de la famille sans en supporter les charges ; et puisque vous êtes bien décidé à ne rien faire pour soutenir l'honneur de notre maison, j'espère du moins que vous tâcherez de gagner en argent ce que vous lui ferez perdre en considération.

Loin de se plaindre de cette décision de son père, Pigault l'accueillit avec la joie la plus vive ; il allait voir un pays nouveau où régnait la liberté ; il allait se trouver au milieu d'hommes qui avaient abjuré les absurdités et les turpitudes du catholicisme ; de citoyens qui avaient secoué une partie des préjugés qui lui inspiraient une si profonde aversion. Il fit avec empressement ses préparatifs de voyage, et huit jours après il arrivait chez M. Crauford, riche négociant de la Cité.

Pigault fut reçu très froidement, et cette réception ne le surprit guère. Il savait à quoi s'en tenir sur le flegme britannique. M. Crauford, lut d'abord les lettres que lui apportait le jeune homme. Puis il le présenta à sa femme et à miss Jenny, sa fille. Pigault eut bientôt épuisé près de ces dames la petite provision de compliments anglais dont il s'était, à la hâte, garni la mémoire ; la jeune fille s'aperçut de son embarras, et s'empressa de lui adresser en français quelques paroles gracieuses ; mais, loin de rassurer le timide voyageur, cette attention de miss Jenny acheva tout à fait de le déconcerter ; le bon M. Crauford le tira heureusement d'embarras, en lui proposant de le mener visiter quelques-uns des ateliers de sa fabrique, dont il était plus fier, en véritable Anglais, que des attraits touchants et de la virginale modestie de sa charmante fille.

C'est un séjour désenchanteur, pour une imagination de dix-huit ans, que l'industrieuse Angleterre. Pigault ne tarda pas à reconnaître qu'il s'était fait de ses moroses habitants une opinion trop favorable : il se demanda bientôt en quoi consistait sérieusement cette liberté si vantée et si enviée des autres nations. Il regardait autour de lui, et voyait une aristocratie insolente se partageant le sol entier du royaume, à l'exclusion du peuple et des travailleurs ; un clergé fanatique et tout-puissant, des lois draconiennes, une populace barbare, et, pour compensation à tant de maux, un semblant de représentation nationale.

Il ne regrettait pas la France cependant, car désormais le bonheur pour lui ne pouvait plus se trouver que là où vivait la charmante Jenny, qui déjà le payait du plus tendre retour.

Que d'heureux jours passèrent alors ces jeunes amants ! que de peines, de soins, pour se ménager une entrevue ; que de promesses, que de serments échangés dans ces moments si courts et si délicieux !

Chaque jour cependant les occasions de se voir devenaient plus difficiles et plus rares ; le bon négociant, plein de confiance dans sa fille et de bienveillance pour son jeune ami, était loin sans doute de mettre obstacle à un amour qu'il n'était pas assez clairvoyant pour découvrir, mais les soins d'un travail assidu, la surveillance obligée d'une gouvernante curieuse, multipliaient les difficultés sous les pas des amants. Miss Jenny se hasarda, dans ces circonstances, à témoigner à son père le désir de se remettre à l'étude de la langue française, qu'elle ne parlait que fort imparfaitement. Les maîtres de langue étaient rares alors; les bons se faisaient payer fort cher, et l'honorable M. Crauford n'était pas homme à jeter les guinées par la fenêtre.

— Quelle fantaisie avez-vous là, Jenny? Sur mon honneur, vous parlez le français d'une manière très comfortable... vous parlez parfaitement le français, j'en suis sûr, Jenny.

— Je le croyais comme vous, mon père; mais depuis l'arrivée de M. Pigault j'ai bien reconnu mon erreur.

— Oh! oh!... en effet, le petit jeune homme est fort instruit; je me souviens que son père m'en a donné avis... Eh bien! ma fille, il me vient une excellente idée... une de ces idées rares dont l'exécution ne coûte pas un schelling...

— A propos de la langue française?

— Et de la langue anglaise, Jenny. Ecoute, mon enfant; il ne faut jamais perdre l'occasion de rendre service, surtout quand cela ne coûte rien... Tu as dû remarquer que le jeune homme a plus encore besoin d'apprendre notre langue que toi de te perfectionner dans la sienne; eh bien! faites un échange, vous y gagnerez tous les deux et moi je n'y perdrai rien. Cela n'est-il pas raisonnable, ma chère Jenny?

La jeune fille était si loin de compter sur un succès aussi facile et aussi prompt qu'elle demeura interdite et craignit que son père n'eût deviné le motif secret de ce vif amour qu'elle témoignait pour la langue française.

— Cet arrangement ne te convient-il pas? reprit M. Crauford. Pigault est un jeune homme bien élevé, doux, laborieux, qui ne demande pas mieux que de s'instruire et de m'être agréable... N'est-ce pas ton avis, Jenny?

— Mon père... c'est que... M. Pigault a déjà tant d'occupations...

— Bon, bon ! cela me regarde; sois tranquille, je le prierai de faire cela pour moi, et je t'assure qu'il en sera enchanté.

Dès le lendemain, les deux jeunes gens, sous la surveillance de la respectable et malencontreuse gouvernante, échangeaient leurs leçons.

Quel bonheur, quelle joie pour Pigault et sa jeune amie ! Assis tout près l'un de l'autre, ils oubliaient l'Angleterre, la France et la syntaxe; leurs yeux parlaient une langue divine, et si parfois leurs mains se rencontraient, c'étaient de délicieuses étreintes, que les richesses d'aucun idiome ne peindront jamais. Les pauvres enfants étaient lancés sur une pente trop rapide pour qu'il leur fût possible de s'arrêter désormais : ils s'aimaient d'un premier amour; ils trouvaient si doux de se le dire ! bientôt ils trouvèrent plus doux encore de se le prouver.

Le temps s'écoulait cependant avec une rapidité extrême. L'honnête M. Crauford, enchanté de l'intelligence et de l'activité que déployait son jeune commis, le vantait dans la Cité comme un modèle, et bientôt, résolu à mettre à l'épreuve sur un théâtre plus important que sa maison de Londres, une capacité dont il acquérait chaque jour de nouvelles preuves, il le fit appeler près de lui, et d'un air affable et ouvert :

— Mon jeune ami, lui dit-il, je suis content de vous; j'apprécie votre talent, votre zèle, et je veux vous prouver à la fois ma satisfaction et mon amitié en m'occupant de votre fortune. Je viens de fréter, vous le savez, le brick *Miss Jenny*, qui, au premier vent favorable, va faire route pour le Brésil; la cargaison vaut plus de vingt mille livres sterling. A son retour, ce navire doit doubler mon capital; c'est à vous que je veux m'en remettre du succès de cette opération importante; vous serez subrécargue à bord du *Miss Jenny*. Je vous donne un dixième dans les bénéfices, et si le ciel seconde notre entreprise, vous serez, à votre retour, en position de prendre un intérêt dans ma maison.

Le bon M. Crauford eût pu parler longtemps sur ce ton sans courir le risque d'être interrompu. Pigault demeurait devant lui immobile, muet et comme frappé de stupeur; enfin, après quelques instants d'un silence que l'honnête négociant attribuait à l'impression d'une joie trop vive, faisant un effort sur lui-même, et rappelant à lui sa force, qu'une détermination si rapide semblait avoir anéantie, il balbutia quelques paroles.

— Monsieur... je suis... très reconnaissant... mais... je ne saurais...

— Bon ! bien cela ! vous vous défiez de vous-même ? c'est bon signe, mon jeune ami : la prudence est la première qualité du négociant; il ne faut pas cependant que cela aille trop loin. Au reste j'ai tout arrangé, tout prévu. J'ai écrit à votre père, qui non seulement donne son consentement à ce voyage, mais me témoigne par avance sa gratitude des résultats qu'il ne peut manquer d'avoir. Ainsi n'en parlons plus; c'est chose convenue: faites, mon cher, vos préparatifs le plus promptement possible; car, je le répète, le bâtiment n'attend qu'un changement de vent pour mettre à la voile.

Pigault essaya de répondre, mais déjà M. Craufort était brusquement sorti pour se dérober à l'expression de la joie et de la reconnaissance de son protégé. Le jeune homme était anéanti; se voir ainsi séparé de celle qu'il aime, pouvait-il concevoir un malheur plus grand ! Ce fut avec l'accent du désespoir qu'il annonça cette terrible nouvelle à la tendre Jenny. La jeune fille ne témoigna pas d'étonnement, un pressentiment fatal semblait l'avoir avertie que leur coupable bonheur était arrivé à son terme ; elle pâlit seulement, son visage se couvrit de larmes, puis bientôt, se jetant dans les bras de Pigault, elle lui apprit d'une voix entrecoupée par des sanglots de douleur et d'angoisses, que leur malheur était plus grand encore qu'il ne le croyait. Les pauvres enfants s'étaient abandonnés en aveugles à toute l'ardeur de leur amour; depuis quelques jours seulement Jenny avait soupçonné quelles en pouvaient être les suites; ses craintes venaient de se changer en certitude ; quelques mois encore, et l'amante de Pigault allait devenir mère.

— Calme-toi, ma Jenny, je vais me jeter aux pieds de ton père ; je lui avouerai tout, j'implorerai sa pitié, sa tendresse ; j'invoquerai son généreux pardon.

— Au nom du ciel ! garde-t'en, mon ami ; je connais la sévérité de mon père, il nous traiterait sans pitié ; il te chasserait, et moi je mourrais de désespoir et de honte.

Le temps s'écoulait cependant. Les amants cherchaient un expédient pour éviter le malheur dont ils étaient menacés, et formaient mille projets plus impraticables les uns que autres. L'heure de se séparer approchait, et ils n'avaient rien arrêté encore : Pigault craignait d'être forcé de partir dès le lendemain, et, résolu à concerter un moyen d'échapper à ce voyage funeste qui le séparait pour toujours de celle pour qui il eût voulu donner sa vie au moment où elle avait le plus besoin de son secours, il la décida à venir le trouver dans sa chambre aussitôt que toute la famille serait plongée dans le repos, afin de prendre une détermination définitive.

Déjà depuis longtemps la voix monotone des watchmen du voisinage avait annoncé l'heure de minuit, et les jeunes gens, toujours indécis, ne songeaient pas à se séparer, lorsqu'il se fit tout à coup dans la maison, si paisible d'ordinaire, un mouvement, un tumulte qui vint les glacer de terreur. Les domestiques allaient et venaient, les portes extérieures s'ouvraient avec fracas, et bientôt Pigault reconnut la voix de M. Crauford lui-même, donnant vingt ordres à la fois, et stimulant de son énergie le zèle engourdi de ses gens. La tendre Jenny, tremblante, éperdue, écoutait à peine la consolation que Pigault s'efforçait de lui donner lorsqu'ils entendirent heurter vivement à la porte de la chambre.

— Nous sommes perdus ! murmura Jenny, et elle se cacha à la hâte derrière les antiques rideaux.

— Qu'y a-t-il? que me veut-on? demanda Pigault d'une voix altérée.

— M. Crauford vous fait prévenir, répondit un domestique : vous n'avez pas un moment à perdre : le brick *Miss Jenny* met au large à la pointe du jour, et mon maître désire vous donner ses dernières instructions.

Pigault ne pouvait se faire attendre, l'impatient Crauford n'aurait pas manqué de monter au bout de quelques instants ; il chercha donc, malgré le trouble de ses esprits, à rassurer sa maîtresse ; mais quelle ne fut pas sa surprise quand il vit qu'à ses larmes, à son désespoir, avait succédé un air de calme et de résignation résolue qu'il n'osait pas espérer d'une si frêle et si délicate créature !

— Mon parti est pris, lui dit-elle : pars, nous nous reverrons.

— Que dis-tu, ma Jenny?

— Hâte-toi, mon père t'attend : c'est un devoir pour toi de lui obéir. Moi, j'ai des devoirs aussi, des devoirs sacrés à remplir : nous nous reverrons.

Il allait insister, mais le domestique vint de nouveau l'avertir que son maître l'attendait avec impatience : il partit.

— Nous ne pouvons nous entretenir longuement, lui dit M. Crauford ; le bâtiment va profiter de la marée pour descendre la Tamise ; j'ai, du reste, depuis quelques jours écrit toutes les instructions qui vous sont nécessaires ; les voici, lisez-les avec attention ; bon voyage, mon ami. Je ne vous dis pas adieu, car je compte sur un heureux et prompt retour.

Au point du jour, Pigault se promenait tristement sur le pont du navire qui s'ébranlait pour le transporter au Brésil ; il se rappelait avec douleur les dernières paroles de Jenny, et cherchait à en pénétrer le sens caché, quand tout à coup un jeune homme, sortant de la chambre des passagers, vint se précipiter dans ses bras.

— Jenny ! Jenny ! est-ce un songe ?

— Silence, mon ami... je te l'avais dit, nous devions nous revoir. A peine m'eus-tu quittée que je revêtis ces habits qui t'appartiennent. J'allai à la hâte prendre dans ma chambre l'argent de mes économies, le peu de bijoux que je possède. Grâce au ciel, il y avait assez pour payer mon passage. Le capitaine ne me connaît pas, et j'ai été assez heureuse pour être admise à son bord quelques moments avant ton arrivée.

— Et ton père, ton bon père ?

— Un mot que je lui ai laissé lui fera connaître une partie de la vérité, et à notre retour il approuvera une union à laquelle maintenant nous ne pourrions espérer de le faire consentir... Ah! je t'en conjure, ne me blâme pas. Sans toi pouvais-je vivre ? Accuse le hasard et l'amour qui ont tout fait.

II

LA PETITE MAISON DU ROI

Que pouvait Pigault dans cette cruelle circonstance ? Jenny était si belle, si aimante, si résolue ! il oublia dans les bras de son amie les dangers auxquels l'exposait s' tendresse. Les réflexions sévères, les inquiétudes, l s soucis, ont peu de prise sur une imagination de vingt ans ; et, dès le lendemain du départ, les deux amants avaient oublié et l'éclat que leur fuite devait faire dans la Cité, et la douleur de M. Craufort, pour ne songer qu'au plaisir que leur promettait, loin des jaloux et des envieux, une longue et paisible traversée.

La navigation fut assez heureuse pendant les trois premiers jours ; mais vers la fin du quatrième le temps devint mauvais, et le vent prit une telle violence, que l'on mit tout en œuvre pour gagner la haute mer, afin de ne pas être jeté sur les côtes d'Irlande, en vue desquelles on se trouvait alors. La nuit vint augmenter le danger : l'obscurité était si profonde qu'il était impossible de distinguer les objets les plus rapprochés. Pigault, uniquement occupé des dangers de sa chère Jenny, semblait insensible aux périls qui le menaçaient, et ses compagnons imploraient en vain son secours pour tenter d'échapper au péril commun. La fureur du vent augmentait cependant à chaque instant ; toutes les ancres avaient été mouillées successivement et sans succès ; enfin, au point du jour, le bâtiment toucha sur les brisants et s'entr'ouvrit ; l'eau pénétra aussitôt avec tant de violence, que l'on reconnut l'inutilité de recourir aux pompes ; la chaloupe et le canot furent remis à la mer ; l'équipage, les passagers se jetèrent à la hâte dans ces frêles embarcations, dernières espérances de salut.

Pigault cependant n'avait pas quitté la tendre Jenny ; il l'avait transportée dans ses bras à bord du canot ; l'imminence du danger lui avait à la fois rendu sa force et son courage, et il s'efforçait de la rappeler à la vie, quand tout à coup le canot, trop faible pour résister à la violence de la mer, chavira en plongeant dans l'abîme tous les malheureux qu'il portait.

Dans ce désastre, Pigault ne songea qu'à Jenny : revenu à lui, il la cherche parmi les infortunés qui se débattent contre la mort ; d'un bras il la saisit, et de l'autre il nage vers la chaloupe, dont les naufragés plus heureux viennent au secours de leurs compagnons. Après des efforts inouïs, il l'atteint, épuisé, mourant ; il est sauvé ! mais Jenny, la pauvre Jenny, reçoit en vain les secours les plus empressés : tant de maux étaient trop pour son faible courage ; l'infortunée avait cessé d'exister.

Nous ne peindrons pas le désespoir de Pigault ; il fut terrible, violent comme toutes les impressions premières d'une âme forte et généreuse. Le tendre souvenir de l'angélique Jenny resta constamment présent à sa mémoire depuis ce jour fatal, et dans ses dernières années encore, ce n'était pas sans un sentiment profond de mélancolie et de tendresse qu'il se rappelait le cruel dénouement de son premier amour.

Tout retour à Londres était devenu impossible pour lui cependant : il n'eût pu supporter l'aspect des lieux où il avait connu le bonheur ; les justes reproches de M. Craufort d'ailleurs, le tableau de son désespoir eussent été pour lui un cruel supplice ; il se borna à adresser à l'honnête négociant le récit du cruel désastre qui engloutissait à la fois sa fille chérie et une partie de sa fortune. Libre de ce dernier soin, il ne songea plus qu'à revoir sa patrie et son père près de qui il espérait trouver du moins quelques consolations à de si horribles malheurs.

Mais l'austère magistrat avait été prévenu de ces événements avant l'arrivée de son fils : une lettre de M. Crauford accusait Pigault de tous ses malheurs, en appelant sur sa tête la malédiction paternelle. Il arrivait à Calais, le cœur navré de douleur ; il venait pieusement chercher dans sa famille un adoucissement à ses peines : ce fut en accusé, en coupable qu'il fut reçu.

— Ainsi donc, malheureux, vous avez déshonoré ma vieillesse ! s'écriait son père ; ainsi je ne pourrai désormais me montrer sans rougir, dans cette ville qu'a sauvée notre aïeul ! vous avez souillé la maison de l'ami qui vous accueillait en fils ; vous avez flétri son amour, son espérance, sa fille qui faisait toute sa joie...

— M. Crauford, je vous le jure, a été égaré par sa douleur, mon père ; j'aimais Jenny de l'amour le plus pur, le plus violent ; mais jamais l'idée d'un crime, d'un rapt, ne s'était présentée à ma pensée : c'est à mon insu qu'elle s'est embarquée sur ce bâtiment fatal...

— Assez, assez ! ne joignez pas à vos torts l'hypocrisie et le mensonge. M. Crauford est un honnête homme, et rien ne saurait faire douter de la vérité de son témoignage. Ne croyez pas que votre infâme conduite me surprenne d'ailleurs ; voilà où vous devait conduire, tôt ou tard, cet athéisme moral que vous décorez du nom de philosophie. Mais si votre crime échappe à la justice des hommes, si vous avez pu impunément flétrir et désespérer la vieillesse d'un père, ne croyez pas que je couvre vos déportements de mon indulgence ; c'est à moi que le père de Jenny demande justice, et je saurai, à défaut de la faiblesse ou de l'insuffisance de nos lois, vous faire expier vos erreurs.

En vain Pigault tenta de prouver à son père qu'il était moins coupable que malheureux, qu'une fatalité cruelle avait seule précipité tous ces funestes événements, le vieillard irrité ne voulut rien entendre, mais il sollicita, et obtint sans difficulté, une lettre de cachet au moyen de laquelle il fit emprisonner son fils.

Il en était ainsi à cette époque ; un soupçon, une haine, une rivalité, suffisaient, appuyés du crédit de quelque ami puissant, pour ravir sans examen la liberté au citoyen le moins coupable ; le caprice d'un père décidait, sans contrôle, du sort d'un fils ; et deux hommes à qui leur talent personnel devait plus tard acquérir la célébrité, deux hommes entre lesquels assurément nous ne chercherons pas à établir le moindre point de comparaison, Mirabeau et Pigault-Lebrun, avaient du moins cette ressemblance, à cette époque de bon plaisir, qu'aux deux extrémités du royaume, l'un au fond du Midi, l'autre à la frontière du Nord, gémissaient innocents dans les cachots, victimes des préjugés et de la partiale inflexibilité de leurs pères.

Fort de son innocence et le cœur ulcéré, le jeune Pigault supporta courageusement la captivité. Plusieurs de ses parents, une tante surtout, la seule de la famille qui l'ait toujours aimé, les plus intimes amis de la famille, tentèrent d'inutiles démarches pour amener une réconciliation : la rigueur du vieux magistrat, la fermeté du prisonnier, étaient des obstacles contre lesquels devaient échouer les plus généreux efforts.

— Je consens à demander pardon à mon père de tous les chagrins que je lui ai involontairement causés, disait Pigault, mais je ne descendrai jamais à ce degré d'abaissement et de lâcheté d'avouer des fautes que je n'ai pas commises. Puis-je, d'ailleurs, au gré de son caprice et de ses préjugés, renoncer à la raison, au sens commun ? Est-il en mon pouvoir de regarder comme d'institution divine ces abus, ces superstitions qui ravalent une si grande partie de l'espèce humaine au-dessous de la brute, à qui il reste du moins, même dans l'état d'esclave, le libre arbitre et l'élan de son vouloir ?

Deux ans s'écoulèrent ainsi, et Pigault, qui avait pu se procurer quelques livres, les mit à profit pour compléter son éducation, alors imparfaite sur bien des points. Les réflexions graves, auxquelles il eut tout le loisir de se livrer, fixèrent alors, d'une manière absolue, son esprit sur les points les plus ardus de la législation, des institutions et des croyances ; et sous ce rapport, du moins, sa captivité ne lui fut pas inutile. Ce fut son père qui s'en lassa le premier; et un beau jour, sans qu'on exigeât de lui ni permission ni promesses, le jeune homme fut rendu à la liberté.

Pigault avait horreur de la chicane ; le commerce, après le triste essai qu'il en avait fait, ne lui convenait pas mieux ; la carrière militaire lui sembla préférable à toutes les autres, et son père, se prêtant cette fois à son désir, le fit entrer dans la gendarmerie d'élite, que l'on appelait à cette époque petite maison du roi. C'était un corps privilégié où l'on ne recevait que des fils de riches bourgeois, de fermiers honorables, et pour y être admis il fallait établir que l'on possédait six cents livres de rente.

III

LE JOYEUX TESTAMENT

Le jeune Pigault recouvrait à la fois la liberté et les bonnes grâces de son père ; le chagrin que lui avait causé la perte cruelle de Jenny, quelque sincère, quelque profond qu'il pût être, devait recevoir quelque adoucissement de cette position nouvelle ; aussi avait-il presque entièrement repris la gaieté de son caractère lorsqu'il arriva à Lunéville, où était cantonné le corps dont il allait faire partie. L'accueil qu'il reçut de ses nouveaux camarades fut des plus aimables, et le colonel, M. le marquis d'Autichamp[1], près de qui il avait de puissantes recommandations, l'assura de sa bienveillance.

Pigault possédait d'ailleurs toutes les qualités d'un militaire de l'époque. Il était brave, de joyeuse humeur, ne reculant pas plus devant un coup d'épée que devant une partie de plaisir. Ses camarades surent au reste à quoi s'en tenir sur son compte ; car, malgré l'accueil cordial qu'on lui avait fait tout d'abord, il devait être *tâté*, suivant la règle commune et les mauvaises plaisanteries ne pouvaient manquer de mettre bientôt à l'épreuve la patience et la bravoure du nouveau venu. L'occasion ne tarda pas à se présenter. Certain matin qu'il jouait avec quelques

---

[1] Le marquis d'Autichamp, compromis plus tard dans l'affaire du collier, et qui mourut, il y a quelques années, gouverneur du Louvre. Pigault, dès l'année 1815, était allé le voir, mais le grand seigneur devenu dévot ne voulut point le reconnaître.

uns de ses camarades, son partenaire, à qui il venait de gagner plusieurs parties de triomphe, s'écria :

— Messieurs, ne vous étonnez pas du bonheur constant de M. Pigault de Calais, il y a provision de corde de pendu dans sa famille.

— Vous avez tort de plaisanter les morts, répondit Pigault sans s'émouvoir ; qui sait si vous n'irez pas bientôt leur tenir compagnie ?

— Tout beau ! tout beau, monsieur le nouvel arrivé ! Vous n'avez pas sans doute la main aussi sûre que le suprême médecin à qui les Anglais confiaient le larynx de monsieur votre illustre aïeul.

— C'est ce que vous apprendrez quand vous voudrez, monsieur le beau joueur !

— Messieurs, dit en se levant son adversaire, vous êtes sans doute aussi curieux que moi de voir à l'œuvre cet habile homme : je viens de succomber sous ses coups à la triomphe, peut-être n'est-il pas d'une égale force à tous les jeux.

Tout le monde se leva gaiement, Pigault, on le pense, ne fut pas le dernier.

— Où allons-nous ? demanda un des témoins.

— Derrière le rempart, mes enfants, dit le plus vieux de la compagnie : je connais un endroit charmant d'où nous n'aurons pas deux cents pas à faire pour arriver au Grand-Canard, dont les salmis sont si justement renommés.

— Il paraît, dit Pigault, que monsieur a consulté sa bourse et son estomac, et qu'il en a reçu un bon conseil.

— Que dit-il donc ? plaît-il ? est-ce que c'est moi qui me bats ?... ce serait tant pis, mon garçon, car j'ai plus d'un bon coup à votre service ; mais je défie le plus madré de me faire trouver un écu... Au reste l'usage est là, et les nouveaux venus...

— L'usage, reprit vivement Pigault, est la loi des sots : les anciens peuvent s'en accommoder, mais les nouveaux venus de ma trempe s'en rient.

— Bravo ! s'écria l'ancien, voilà un bon mot qui pourra bien te coûter une laide grimace ; mais, d'honneur, je serais fâché que la leçon fût trop forte, car j'aime les lurons comme toi.

Cependant on marchait toujours, et l'on arriva bientôt au lieu désigné. L'ancien réclama l'honneur de donner ce qu'il appelait l'initiation au nouveau, et les deux champions mirent aussitôt l'épée à la main. Pigault, calme, décidé, attaqua tout d'abord son adversaire avec beaucoup de vigueur.

— Bien cela, disait le vieux soldat... plus haut le fer... ferme !... effacez la poitrine... et parez ce coup de seconde. Ce gaillard-là a un poignet de fer... nous en ferons quelque chose, mais il ne faut pas trop le fatiguer pour la première fois... allons, seulement une égratignure de six lignes...

Et cette dernière parole était à peine prononcée que Pigault se sentit atteint au bras droit ; sa blessure n'avait pas une ligne de plus ni de moins que ne l'avait annoncé le vieux sabreur. Le jeune homme ne voulut pas même qu'on le pansât, et il pressa son second adversaire de se mettre en garde. Les témoins firent de justes observations ; ils ne voulaient pas que le blessé engageât sitôt un nouveau combat ; Pigault insista si vivement qu'il fallut bien que son premier agresseur se rendît à ses pressantes injonctions.

Le combat fut plus long cette fois ; pour Pigault, l'issue n'en fut pas plus heureuse. Le fer de son adversaire l'atteignit au côté droit, glissa sur les côtes, et sortit un peu au-dessous de l'épaule.

— Diable ! je n'ai pas la main heureuse, s'écria-t-il.

Tandis que les témoins s'empressaient autour de lui, on reconnut avec joie que la blessure n'était pas assez grave pour que cette affaire n'eût pas la suite qu'avait prévue le vieux sabreur. Bon gré, mal gré, il fallut que Pigault se laissât porter à l'auberge du

Grand-Canard : où la bande joyeuse commença à faire bombance sans s'inquiéter de savoir quel serait en définitive le généreux amphitryon.

La réconciliation avait été plus prompte encore que la querelle, et non seulement personne ne gardait rancune à Pigault, mais il était en quelque sorte le héros de la fête. Posté dans un large fauteuil, soutenu par deux moelleux oreillers, il figurait fort gravement une sorte de présidence, tandis que ses joyeux amis buvaient à son prompt rétablissement avec un enthousiasme si sincère qu'en un instant la table présenta le glorieux aspect d'un champ de victoire jonché de morts et de débris. On mangea comme des écoliers, on but comme des tambours, et la soirée était déjà fort avancée avant que personne songeât à retourner au quartier.

On retardait ainsi le quart d'heure de Rabelais, auquel chacun s'était bien gardé de songer d'abord ; il vint enfin. La carte était étourdissante : vingt bouteilles du meilleur bordeaux, vingt de champagne, le reste à l'avenant puis enfin pour clore dignement le bulletin de cette courte campagne, une majestueuse addition dont le total effrayant s'élevait au delà de cent écus.

Or, toutes les poches des convives sondées, fouillées, pressurées, retournées, à peine pouvait-on parfaire le tiers de la somme.

Quel parti prendre, cependant ? On connaissait de longue main l'hôte du Grand-Canard, et on savait qu'il n'était pas homme à entendre raison sur le chapitre crédit ; à minuit, il n'était d'ailleurs pas facile de trouver quelque expédient pour sortir de ce mauvais pas. La gaieté des convives était sensiblement diminuée, et déjà le remords, saisissant nos écervelés à la gorge, en menaçait plus d'un d'une indigestion, quand Pigault s'écria :

— Allons, mes amis, puisqu'il le faut, je me dévoue, et je vous tirerai d'embarras.

— Toi, mais tu as dix écus à peine, et il en faut cent !

— Ausssi n'est-ce pas de mon pécule qu'il s'agit; ce que j'ai, je prétends le garder : je veux seulement que ce Grand-Canard intraitable nous accorde le temps de le payer.

— Impossible! le vieux reître se ferait plutôt couper en quatre comme un salmis que de nous accorder vingt-quatre heures.

— C'est ce que nous allons voir, parbleu ! D'abord je vous préviens que je me sens excessivement faible; je ne sais si ma seconde blessure est plus grave qu'il n'a semblé d'abord au docteur, mais il est certain que je me sens défaillir.

— Sacrebleu! s'écria le vieux loustic, il fallait donc le dire plus tôt! je vais réveiller tous les chirurgiens de la ville.

— Inutile, mon ami, je n'ai besoin pour le moment que d'un notaire et d'un prêtre.

— Bat-il la campagne à présent?... le vin que nous avons bu lui a-t-il tourné la cervelle?

— Voulez-vous sortir d'ici sans bourse délier?

— Autant demander au diable s'il veut se moquer du bon Dieu.

— Eh bien ! alors, sans commentaires, faites-moi, donner deux oreillers de plus; attendrissez-vous, si bon vous semble, mais que l'on m'amène sans plus tarder un prêtre et un notaire.

L'assurance et le ton goguenard de Pigault rendirent la confiance aux moins rassurés, et tandis que les uns criaient, commandaient, pour que de prompts secours fussent donnés au blessé, d'autres battaient le pavé, cherchant un garde-notes et un abbé, sans trop comprendre comment il serait possible de satisfaire l'hôte du Grand-Canard avec une pareille monnaie.

Cependant Pigault était entouré des gens de la maison. Le sang qu'il avait perdu en assez grande abondance, sa pâleur, les taches qui souillaient ses vêtements, le désespoir de ses amis, tout s'accordait à persuader à la fois qu'effectivement sa blessure était bien plus dangereuse qu'on ne l'avait présumé d'abord.

— Allons, jeune homme, lui disait l'hôte, un peu de courage ; que diable ! on ne meurt pas d'un coup d'épée.

— C'est selon, mon ami... je sens que le poumon a été touché... ce n'est pas la mort qui m'effraye... et j'espère le prouver en faisant mon testament... Mes chers amis, c'est maintenant que je m'estime heureux d'avoir été comblé des dons de la fortune : je pourrai du moins, grâce à mes vingt mille livres de rente, reconnaître les soins affectueux que vous me prodiguez.

— Vingt mille livres de rente, et il va faire son testament ! se dit l'hôte *in petto*. Mais, mon officier, dans l'état où vous êtes, un bon lit vous conviendrait mieux qu'un fauteuil.

— J'avoue, mon cher, qu'un bon lit... mais ces malheureux lits d'auberge...

— Mon officier, c'est dans le mien, dans mon propre lit que je veux vous faire porter.

— Allons, François, Bertrand, Thérèse, Catinette...

Puis, baissant la voix, il ajoutait :

— Vingt mille livres de rente ! c'est quelque fils de fermier général. — Allons vite ! que l'on m'aide à transporter ce brave gentilhomme dans ma chambre !...

— Ah ! mon cher hôte, comment reconnaître tant de zèle, de dévouement ? combien je regretterais sincèrement que le notaire arrivât trop tard !

— Vous verrez, marmottait l'hôte, que ce scélérat de garde-notes arrivera quand il n'y aura plus personne !...

Pigault fut accompagné par ses camarades jusque dans la chambre de l'hôte : ils ne voyaient pas en-

Que d'heureux jours passèrent alors ces jeunes amants ! (page 7).

core bien clairement comment tout cela finirait, mais on ne parlait déjà plus de la malencontreuse carte, et c'était le point important. Enfin le prêtre arriva le premier.

— Ah! mon père, s'écria Pigault, quel soulagement votre présence apporte à mon âme! que je me trouverais heureux de vous pouvoir faire ma confession générale! mais, je le sens, ma dernière heure est proche! le notaire va arriver, et, vous le savez, un des devoirs les plus impérieux du chrétien en face de la mort est de faire un louable usage des biens qu'il possède en ce monde... Or, mon père, j'ai à disposer de vingt mille livres de revenu, et il ne me reste peut-être pas cinq minutes à vivre... au nom du ciel, donnez-moi l'absolution!

— Je vous la donnerai de grand cœur, mon cher fils ; mais vous savez combien l'Église et ses ministres sont pauvres... les gens de votre profession ont d'ailleurs d'ordinaire la conscience passablement chargée : j'espère que vous allez mériter par vos bonnes œuvres envers votre sainte mère l'Église l'absolution que vous sollicitez.

L'abbé prononçait ces dernières paroles comme le notaire entra.

— Eh! vite donc, monsieur! s'écria l'hôte ; le malheureux sera peut-être sans connaissance dans un instant.

Une table était déjà dressée près du lit ; le notaire s'y installa, et Pigault commença ainsi à lui dicter ses dernières volontés :

« — M'étant toujours tenu dans le giron de notre mère la sainte Église catholique, apostolique et romaine, et désirant, par une œuvre pie, racheter les fautes de ma jeunesse, je lègue à un de ses respectables ministres... Comment vous nommez-vous, mon père ? »

— Gervais Rigault, mon fils.

« — A un de ses respectables ministres, Gervais Rigault, prêtre ordonné du diocèse de Lunéville, une rente viagère de cinq mille livres, hypothéquée sur mes meilleures propriétés... »

— Diable! pensa l'hôte, s'il y va de ce train, le testament ne sera pas long, et ce ne sera pas le cas de dire : Aux derniers les bons...

Cette réflexion judicieuse fut interrompue par Pigault, qui continua ainsi :

« — *Item*, je lègue à la deuxième compagnie de la gendarmerie d'élite, à laquelle j'ai l'honneur d'appartenir, tout le vin de mes caves et les filles de mes vassaux... »

— Mais voilà qui est épouvantable! fit l'abbé.

— Doucement, mon père, laissez-moi achever, je vous prie... « Et les filles de mes vassaux, à la charge par eux d'en faire autant de rosières... »

Malgré la gravité de la cérémonie, un éclat de rire étouffé couvrit un instant la voix du testateur.

— Les mourants ne plaisantent pas, messieurs, dit-il d'une voix faible et pourtant assurée; l'institution des rosières est fort respectable... ma dernière maîtresse en était émue, et je sais à quoi m'en tenir... Continuons, s'il vous plaît...

« — *Item*, je lègue à mon honorable hôte, homme respectable, aimable, incomparable, dont je veux reconnaître l'estime pour la gendarmerie d'élite en général, et en particulier pour ceux de messieurs les militaires appartenant à ce noble corps qu'il a l'honneur de recevoir chez lui, je lègue, dis-je, à cet estimable citoyen... »

L'hôte du Grand-Canard avait les larmes aux yeux d'attendrissement et suffoquait de reconnaissance.

« — A cet estimable citoyen, la perle des bourgeois de Lunéville, vingt mille livres espèces, plus une somme de trois cent dix-neuf livres, montant de la carte de ce jour, le tout qui lui sera compté dans le délai de trois mois, à partir de mon décès, par mon exécuteur testamentaire, à la charge par lui de me faire enterrer décemment... ce qui sera très prochain... car je perds, je le sens, le peu de forces qui me restent. »

— Ah! mon officier, mon gentilhomme, s'écria l'hôte, soyez tranquille sur ce qui est de cela! Vous aurez la croix d'or et la plus riche bannière; les cloches sonneront en volée tant que le service durera; je vous promets le plus magnifique bout de l'an par-dessus le marché, sans compter les messes hautes. Ah! sainte Vierge! vous en aurez de toutes les paroisses, de tous les prix... Faut-il que je voie ainsi périr à la fleur de l'âge un si brave gentilhomme!... Jésus! rien que d'y penser, je me sens capable d'en mourir de chagrin!...

Et l'excellent hôte du Grand-Canard, sentant son éloquence faiblir, se mit à gémir de toute sa force, suant sang et eau pour faire sortir de son orbite rebelle quelques larmes, provoquées par la joie bien plutôt que par la douleur.

— C'est bien, mon brave hôte, reprit Pigault d'une voix qui semblait devenir plus faible de moment en moment; c'est bien, je suis content, très content de vous... s'il m'en restait le temps, je changerai l'article pour doubler le legs... Que le ciel m'accorde vingt-quatre heures seulement, et nous reviendrons là-dessus... Puis, se tournant du côté du notaire :

— Poursuivez, monsieur, lui dit-il.

« — *Item*, je lègue à mes braves camarades de la gendarmerie d'élite, cantonnés à Lunéville, une somme de cent cinquante mille livres, à la charge et condition par eux d'en dépenser les deux tiers en banquets et en festins à ma mémoire. Il est entendu que le respectable hôte du Grand-Canard, dont les soins pieux ont prolongé de quelques moments ma douloureuse agonie, sera dans ces circonstances exclusivement chargé de la fourniture des comestibles. »

A ce dernier trait, l'aubergiste se prit à pleurer tout de bon, tandis que les camarades de Pigault faisaient tous leurs efforts pour contenir le fou rire qui menaçait de les étouffer. Le joyeux moribond, qui, de son côté, commençait à craindre que la comédie ne se terminât pas aussi heureusement qu'elle avait commencé, se hâta d'arriver au dénouement : il déclara donc que, ces legs de conscience étant consignés au testament, il laissait le reste de sa fortune à ses héritiers naturels, et, après avoir nommé le vieux sabreur son exécuteur testamentaire, il lui recommanda à plusieurs reprises de tenir la main à ce que le respectable hôte fût traité selon ses intentions ; puis, demandant de nouveau au prêtre sa bénédiction, il dit d'une voix éteinte :

— Mes bons amis, aucun de vous n'est cause volontaire de ma mort ; et ce ne sont pas vos regrets et vos soins qui peuvent en retarder le cruel moment ; je veux donc vous épargner le spectacle affligeant de mon agonie ; faites-moi seulement l'amitié de dire cinq *Pater* et cinq *Ave* chacun pour le repos de mon âme, et retournez au quartier.

La bande joyeuse ne se le fit pas dire deux fois, et toutes les lèvres se mirent en mouvement de concert, comme les dociles instruments d'un orchestre au premier signal du maestro. Or le *Pater* était assurément de l'hébreu pour la plupart de nos étourdis, et Dieu sait ce que leurs bouches impies marmottèrent à la place ; quoi qu'il en soit, Pigault ayant laissé langoureusement tomber sa tête sur son épaule, et paraissant sans connaissance, tous ses camarades se retirèrent, laissant auprès du moribond le prêtre et l'aubergiste, braves gens qui se croyaient en conscience obligés de fermer les yeux à l'honnête homme qui les avait traités si magnifiquement.

Une demi-heure après, le prétendu moribond dormait à poings fermés.

— Miséricorde ! monsieur le curé, je crois qu'il ronfle.

— Rassurez-vous, mon ami, c'est le râle.

— Vous croyez, monsieur le curé ?

— Vraiment ! je voudrais bien qu'il en revînt !... un païen qui s'est fait donner deux fois l'absolution sans se confesser !

— Pourtant, s'il en revenait ?...

— Impossible, vous dis-je... d'ailleurs il y aurait abus de confiance, surprise... escroquerie à l'aide de promesses fallacieuses.. S'il avait le malheur d'en revenir, ce serait un homme ruiné, perdu de réputation... Car, voyez-vous, mon ami, le clergé prend, c'est juste, mais il ne rend jamais : c'est une règle sans exceptions.

— C'est comme les aubergistes, mon père ; il ont la bonne... la sainte habitude, voulais-je dire, de ne rendre que ce qu'il leur est impossible de garder... Mais écoutez donc... avez-vous entendu beaucoup de moribonds râler de cette force ?

— Il est possible que cela soit causé par un épanchement intérieur...

— Vraiment, les vauriens se sont épanché à l'intérieur une assez belle quantité de mes meilleurs vins...mais heureusement le testament est là...

Tant que dura la nuit, Pigault continua son vigoureux somme, au grand déplaisir de ses gardiens, qui s'attendaient à chaque instant à lui voir rendre l'âme. Au point du jour, il ouvrit les yeux, et comme les fumées de la veille l'avaient singulièrement altéré :

— A boire ! à boire ! s'écria-t-il aussitôt qu'il eut aperçu quelqu'un près de lui.

L'hôte s'empressa de lui présenter un verre d'eau, qu'il avala à moitié d'un seul trait, mais s'arrêtant tout court :

— Quelle diable de drogue me donnez-vous là ?... N'y a-t-il donc plus de vin dans votre cave, Grand-Canard, mon ami ?

— Pardonnez-moi, mon gentilhomme, mais vous êtes si faible... un mourant...

— Vous avez, parbleu ! raison, et ma léthargie me faisait perdre la mémoire... Mais enfin, puisque je suis faible, ne pourrait-on me donner quelque tonique qui me rendît un peu de force ?

— Ah ! mon cher curé, dit l'hôte à demi-voix, mes pressentiments ne m'ont pas trompé : il en reviendra.

— Qu'il s'en avise, et je le fais excommunier...

— Ce sera sagement fait, mon père ; mais le testament ?...

— Ne vous occupez donc pas des intérêts de ce monde, et donnez-lui ce qu'il demande.

— Quoi ! du vin ?

— Allez, vous dis-je, le vin est le père de la fièvre, et la fièvre est la plus sûre alliée des légataires.

L'hôte eut de grand cœur vidé ses caves s'il ne se fût agi que de cela pour avancer l'heure du convoi dont il devait faire les frais ; il partit donc comme un trait, et reparut bientôt armé sous chaque bras de deux bouteilles du meilleur et du plus généreux de ses vins.

— D'honneur ! mon cher hôte, dit Pigault après en avoir longuement dégusté un verre, je ne crois pas avoir jamais rien bu de meilleur... Versez donc, versez je vous prie... Encore, car je suis bien malade, et c'est le coup de l'étrier... Ah çà ! voulez-vous donc que j'entreprenne à jeun le grand voyage ?... N'avez-vous pas là sous la main quelque débris présentable encore ?...

L'hôte sortit en faisant une grimace piteuse, et bientôt Pigault se trouva dans son lit en face d'un vaste pâté qu'il attaqua bravement en l'arrosant de telle sorte que le dernier verre de la provision du bonhomme ne tarda pas à saluer la dernière bouchée du restaurant déjeuner ; puis, sans dire merci ni bonsoir à la compagnie, il remit la tête sur l'oreiller et recommença à ronfler de plus belle.

— Hélas ! fit l'aubergiste d'un ton dolent, je l'avai bien dit, que le scélérat en reviendrait.

— Ne nous défions pas de la Providence, répondit le prêtre d'un air contrit, il nous reste encore la chance d'une indigestion.

Mais deux heures s'écoulèrent, et Pigault continua de dormir du sommeil de l'innocence et de la digestion. Le prêtre se retira pâle de colère, et l'aubergiste commença à se promener piteusement de long en large en s'arrachant les cheveux.

— Ne vous désolez pas ainsi, mon ami, dit Pigault, qui se réveilla tout à coup; je me sens mieux, je vous le jure : rassurez-vous, je suis sauvé, sauvé à tel point que je veux à l'instant même me rendre au quartier pour consoler mes camarades... Faites-moi donner mes vêtements, je vous prie.

A ces mots, l'hôte ébahi ne pouvait répondre du geste ni de la voix; il demeurait immobile, médusé.

— Mais, monsieur, le testament?... dit-il enfin d'une voix suppliante.

— Eh bien ! n'est-il pas en sûreté chez le notaire ? Soyez tranquille, si j'en réchappe cette fois, je vous promets de me faire tuer à la première occasion, et vous ne perdrez rien pour attendre.

— Tout cela est bel et bon, répondit l'hôte qui commençait à flairer la mystification ; mais quand on compte sur les souliers d'un mort, on est exposé à marcher longtemps nu-pieds; ainsi donc, mon cher monsieur, il me faut mes trois cent dix-neuf livres ou...

— Tout beau, tout beau ! bonhomme, vous avez perdu l'esprit, je pense ! oubliez-vous que le montant de votre carte est au testament? Ce qui est écrit est écrit... Il y a contrat entre nous, contrat synallagmatique, contrat bilatéral, dont vous avez accepté toutes les clauses avec joie, et le notaire pourrait le certifier au besoin... Diable ! mon camarade du Grand-Canard, vous avez la mémoire courte !...

Le pauvre aubergiste semblait anéanti, et Pigault, qui s'était habillé à la hâte tout en établissant d'une manière si lumineuse cette belle question de droit, avait enfilé l'escalier et se trouvait déjà plus près de la ville que de l'hospitalière maison, avant qu'il eût pu se reconnaître et revenir du stupéfiant désappointement que lui causait cet étrange événement.

IV

UN AMOUR PUR

La bizarre originalité de cette aventure devait achever de mettre Pigault en faveur dans le régiment. Bientôt on ne jura plus que par lui : plaisirs, peines, équipées, folies, Pigault était l'âme de tout ; on n'aurait pas risqué un jour d'arrêts, un coup de cartes ou un coup d'épée sans le consulter, et pas un de ses camarades n'eût hésité à jouer dix fois sa vie pour lui, ce qui ne l'empêchait pas d'avoir régulièrement deux ou trois duels chaque mois et d'être presque toujours malheureux dans ces rencontres. Tel était l'esprit, le préjugé du temps : Pigault y sacrifiait comme un autre, et cet homme excellent, dont la belle vieillesse eut quelque chose de patriarcal, n'avait pas moins de dix coups d'épée sur le corps. Dans une seule affaire, dont les détails caractéristiques, méritent de trouver place ici, il en reçut trois pour sa part.

Au milieu des fêtes brillantes de l'hiver de 1774, on apprit à Lunéville que le régiment du roi, qui tenait garnison à Nancy, devait donner un grand bal aux dames de cette dernière ville. Cette fête, suivant le programme qui s'en répandait mystérieusement devait éclipser toutes celles de l'année. Pigault et une douzaine d'étourdis comme lui résolurent d'en juger par eux-mêmes.

— Ces gens-là ont une morgue à trente carats, dit un d'eux, et il y a fort à parier que nous serons mal reçus en nous présentant sans invitation.

— Raison de plus pour y aller, reprit Pigault. Pour moi, je ne trouve rien de plus amusant que de rabattre l'orgueil de ces sots titrés qui ne savent briller que derrière leur enveloppe de parchemin.

— Tentons l'aventure ! s'écrie un troisième ; et avant que cette opinion soit mise aux voix, chacun, revêtu de la grande tenue, enfourche son cheval, et la bande joyeuse s'élance au galop sur la jolie route qui semble presque ne faire qu'une même cité de Lunéville et de Nancy.

A peine nos étourdis étaient arrivés dans la ville, que déjà le bruit s'était répandu qu'une partie de la garnison de Lunéville venait d'arriver tout exprès pour assister au bal. Grande rumeur parmi les officiers du régiment du roi : on s'emporte contre l'impertinence de ces fils de bourgeois qui veulent trancher du gentilhomme, et une députation leur est envoyée pour les avertir que l'on ne peut leur accorder la faveur de les recevoir.

— Vous êtes mille fois trop bons, messieurs, de vouloir bien prendre tant de peine, répondit Pigault ; messieurs les officiers du régiment du roi ne peuvent nous recevoir !... nous en sommes désolés, vraiment, nous espérons toutefois, plus heureux de notre côté, pouvoir recevoir ces messieurs...

Les messagers, désappointés de tant de modération, portèrent à leurs camarades cette réponse assez ambiguë, mais dont on ne tarda pas à comprendre le véritable sens. En effet, Pigault et ses camarades, entrés les premiers et presque de vive force dans la salle du bal, se mirent à en faire les honneurs avec d'autant d'aisance et de grâce que s'ils eussent été les ordonnateurs de la fête, allant offrir la main aux dames qui arrivaient, et saluant avec une gravité respectueuse les officiers stupéfaits de trouver la place prise par les gens mêmes qu'ils avaient refusé d'admettre.

Mais bientôt l'assemblée devint plus nombreuse, et avec elle la rumeur alla grossissant ; l'orage commençait à gronder, les musiciens cependant préludaient, et la danse allait commencer, lorsqu'un officier s'élance au milieu de l'orchestre et d'un ton tragi-comique adresse aux dames cette allocution :

— Mesdames, nous étions avertis que quelques-uns de messieurs les gendarmes d'élite de Lunéville étaient venus clandestinement à Nancy, mais nous ne pouvions prévoir qu'ils osassent se permettre de pénétrer violemment dans cette enceinte. Il en a été ainsi cependant, et nous vous avertissons de leur présence, priant Dieu de préserver vos jolies mains du contact de ces gentilshommes à six cents livres.

Cette sortie assez méritée fut accueillie par de bruyants éclats de rire; mais Pigault, sans se laisser intimider, parut à son tour à cette tribune improvisée.

— Je ne répondrai pas à votre orateur, dit-il ; il n'est que trop aisé d'interpréter à tort ce qui n'est peut-être qu'une inconséquence ; mais, quant au contact des gentilshommes à six cents francs, nous verrons à la pointe du jour quels de ces messieurs sont de taille à l'affronter de sang-froid. Cependant nous sommes ici, nous y resterons par respect pour l'habit qui nous couvre, et certes le bal n'aura pas lieu, ou il ne sera pas dit que le corps de Lunéville n'ait pas dansé à Nancy.

Il descendit à ces mots et se dirigea vers un groupe de dames pour en inviter une : ses camarades l'imitèrent ; mais tous essuyèrent un refus, et l'orchestre continua à jouer sans que personne osât prendre place dans cette salle si brillamment disposée pour la danse.

L'affaire devenait grave de plus en plus; l'honneur du corps était compromis, et les gens sages de l'assemblée n'osaient prévoir où s'arrêteraient les conséquences de cette folle équipée, lorsque le marquis d'Autichamp, colonel de la petite maison du roi, arriva tout à coup en grand uniforme au milieu de la société en émoi.

Le projet formé par Pigault et ses amis lui avait été rapporté, et il avait prévu sur-le-champ les conséquences de cette folie. Tremblant de voir s'allumer une de ces querelles de corps qui de tout temps ont eu des suites si déplorables, il était parti aussitôt pour interposer son autorité, si la chose était possible encore. Il arrivait à temps heureusement : et du premier coup d'œil, jugeant où en étaient les choses :

— Messieurs, dit-il en s'adressant aux officiers du régiment du roi, veuillez m'excuser si je me présente sans invitation à votre fête. Je ne pense pas qu'il y en ait beaucoup parmi vous qui puissent se croire de meilleure maison que moi, et je ne suis pas d'humeur à souffrir qu'il soit fait affront à l'uniforme que je m'honore de porter : je danserai donc à votre bal, pour l'honneur du corps; quelqu'un de vous, messieurs, prétendrait-il s'y opposer?

Et sans attendre de réponse, il invite une dame, se place et ouvre le bal. S'approchant ensuite des jeunes fous tout surpris de voir leur colonel prendre leur parti en cette affaire, il leur dit en les regardant sévèrement :

— J'espère, messieurs, que vous êtes satisfaits? mais je ne le suis pas, moi ! retirez-vous et rendez-vous sur-le-champ aux arrêts à Lunéville.

Pigault et ses amis, ravis de la conduite de leur colonel, n'obéirent cependant qu'à la première partie de son ordre : ils quittèrent le bal, mais ils restèrent dans la ville; et dès que les portes en furent ouvertes ils se trouvèrent en présence des officiers sur la lisière d'un petit bois voisin du rempart.

Il avait remarqué une jeune personne (page 39).

Cette rencontre fut terrible ; douze hommes de chaque côté, jeunes, braves, ardents, excités par la présence et l'appui de leurs amis, de leurs frères d'armes, croisant, pour une cause où il croyaient l'honneur engagé, un fer qu'ils n'avaient reçu de la patrie que pour le consacrer à sa défense. Deux officiers furent tués ; Pigault, ainsi que nous l'avons dit, reçut trois coups d'épée : presque tous ses camarades furent plus ou moins grièvement blessés, et ne fallut pas moins, pour faire cesser le combat, que l'arrivée sur le terrain du marquis d'Autichamp et du colonel du régiment eux-mêmes, qui déclarèrent l'honneur satisfait et décidèrent que cette affaire se terminerait entre eux.

En dépit des arrêts et des coups d'épée, Pigault trouvait du charme à la carrière militaire, et peut-être n'eût-il jamais songé à en embrasser une autre, si, en 1776, une ordonnance du roi n'était venue supprimer le corps de la gendarmerie d'élite. Force lui fut alors de dire adieu à sa joyeuse vie de garnison, à ses camarades, si promptement devenus pour lui de bons et sincères amis, à ses maîtresses, dont nous avons passé le nom et la vertu sous silence par respect pour les pudiques lecteurs. Toute cette bonne et douce vie trouvait fin devant l'ordonnance, de licenciement, et Pigault reprit tristement le chemin de la maison paternelle.

Il atteignait alors à peine sa vingt-troisième année ; mais, livré de bonne heure à lui-même, il s'était appliqué avec fruit à étudier le monde à connaître les hommes, et dès lors sa haute raison, formée à l'école du malheur et de la réflexion, avait acquis ce degré de conviction et de fermeté qui a tracé de ce jour la ligne de conduite dont il n'a pas dévié durant sa longue et honorable carrière. Il avait quitté la maison de son père encore, il y revenait homme, et bien décidé, tout en se tenant dans les bornes de respect et de tendresse que son cœur lui rendait sacrées, à ne pas ployer désormais sa volonté sous un caprice, à ne pas aventurer le bonheur et le repos de tout l'avenir de sa vie sur des idées et des espérances qui ne trouvaient aucune sympathie en lui.

Après les premiers jours, consacrés à ces tendres épanchements de famille auxquels le père le plus sévère se laisse entraîner comme un autre à l'aspect d'un fils chéri, Pigault ne tarda pas à s'effrayer du vide et de la monotonie qui allaient remplir ses longues journées dans la paisible ville de Calais. Quel contraste en effet de la vie tumultueuse de garnison à ces tranquilles dîners bourgeois, à ces interminables soirées de province! Déjà le spleen britannique semblait menacer ses jours attristés par les plus édifiantes réflexions, lorsqu'une circonstance fort simple en elle-même vint tout à coup donner un autre cours à ses idées, et décider en quelque sorte du sort de sa vie.

Dans ses fréquentes promenades autour de la ville, il avait remarqué une jeune personne qu'une dame, qui paraissait être sa mère, accompagnait; il lui avait été jusqu'alors impossible d'apercevoir ses traits, mais sa taille légère, son port gracieux, le goût élégant de sa simple toilette, ne permettaient pas de douter qu'elle fût charmante. Il se hasarda enfin à la suivre, et ce ne fut pas sans étonnement qu'il la vit entrer dans une maison voisine de celle de son père. Bientôt il apprit que depuis plusieurs mois ces deux dames occupaient cette maison; elles ne recevaient personne, ajouta l'officieux ami qui lui donnait ces renseignements, et sortaient toujours seules et le plus rarement possible.

A défaut d'amour, ce mystère dont s'enveloppaient les deux inconnues eût suffi pour enflammer son imagination ardente et tourner sa pauvre tête d'écervelé; malgré cette richesse d'imagination dont il donna tant de preuves depuis cependant, il se passa quelque temps avant qu'il pût trouver quelque expédient convenable pour pénétrer jusqu'aux deux recluses ; et ce brave champion, qui avait entrepris de faire danser malgré elle toute la noblesse féminine d'une grande ville, se trouvait dans le plus extrême embarras pour adresser quelques mots à une jeune fille dont il était follement épris, sans avoir eu seulement le vulgaire bonheur d'entrevoir ses traits.

Chaque nuit l'élégiaque Pigault griffonnait de longues et tendres épîtres à la charmante Eugénie (tout ce qu'il connaissait de la jeune fille, c'était son nom) ; mais au point du jour, honteux de sa prose détestable, il la jetait au feu. On adoucit, dit-on, ses peines à les raconter. Comme tous les amoureux, Pigault prit donc un confident, et ce fut tout simplement son frère de lait, honnête garçon qui remplissait près de lui les modestes fonctions de domestique.

— Dame ! monsieur Charles, dit après l'avoir attentivement écouté le brave René, qui ne manquait ni de résolution ni de malice, j'crois, savez-vous, qu'y n'faut pas tant d'finesse pour deviner la fin de l'histoire : la d'moiselle vous plaît, vous lui faites votre compliment, les parents s'en mêlent, M. le curé dit son mot, et tout est bâclé.

— Mais encore faut-il un prétexte pour pénétrer chez elle : on ne peut pas entrer chez une dame pour lui dire tout d'abord : Me voici ! je viens parce que je meurs d'amour pour vous.

— Ça n'pourrait pourtant pas lui faire d'offense.

— Cela lui donnerait une fâcheuse idée de mon esprit... Ecoute, René, il me vient une idée.

— À la bonne heure, donc... J'allais vous en proposer deux.

— Tu risqueras bien quelque chose pour me rendre service, n'est-ce pas ?

— J' risque tout ce que vous voudrez.

— Eh bien ! cette après-midi, un peu avant la fin du jour, tu te griseras... Non, tu ne te griseras pas, mais tu feras semblant d'être gris...

— J' me griserais tout d' même ; j' crois qu' la première idée était la meilleure.

— Non, je m'en tiens à la seconde : tu feras donc semblant d'être gris, de battre les murailles, et, en passant devant la maison où demeure Eugénie, un peu avant que les volets soient fermés, tu te laisseras tomber sur une des croisées, et tu briseras les vitres.

— Ça n'est pas difficile ; mais il me semble que c'est une drôle de manière de faire l'amour.

— Ne t'inquiète pas de cela ; on ne manquera pas d'accourir au bruit ; alors j'aurai l'air de passer là par hasard ; je t'appellerai butor ! rustre !... Tu ne te fâcheras pas, au moins ?...

— Vous m'appellerez comme vous voudrez ; s'il ne faut qu' ça pour faire aimer, je vous promets bonne chance.

— Tu es un brave garçon... je te donnerai...

— Oh ! monsieur Charles, je n' vous d' mande rien pour ça.

— Ecoute-moi donc jusqu'au bout : je te donnerai un soufflet et un coup de pied au derrière.

— C'est-y ben utile ?

— C'est indispensable pour la réussite de mon plan.

— Allons, puisque ça peut vous faire plaisir...

— Puis je t'ordonnerai de rentrer au logis ; tu rentreras aussitôt : le reste me regarde.

— J' commence à comprendre... soyez tranquille, je n'oublierai rien.... Butor, rustre, un coup de pied, une gifle... bien entendu que vous payerez les verres cassés ?

Ce jour-là même, un peu avant le coucher du soleil, René cassa les vitres, reçut les injures et les coups, et se retira enchanté à la fois de la façon dont il avait joué son personnage et du succès de l'entreprise. Avant de se retirer, en effet, il avait vu accourir madame Salens, la belle Eugénie et leur servante ; il avait entendu Pigault se confondre en excuses et supplier ces dames d'estimer le dégât. On devine aisément que le jeune homme ne s'en tint pas là : il déclara son nom, dit qu'il avait l'avantage d'être le voisin de ces dames, et sollicita enfin la permission de venir quelquefois leur renouveler l'assurance de son respect.

— Nous vivons en recluses, monsieur, répondit madame Salens, et vous passeriez chez nous de tristes instants.

Ce ne fut pas sans être obligé d'insister beaucoup que Pigault obtint cette permission de revenir, qu'il désirait si ardemment depuis qu'il avait pu voir Eugénie. Dès le lendemain il fit sa première visite ; nous ne décrirons pas les phases de cet amour naissant ; le succès l'avait rendu audacieux, et l'audace réussit presque toujours en amour.

Eugénie savait qu'elle était aimée, et la tendre jeune fille avait partagé tout d'abord le sentiment qu'elle avait fait naître. Madame Salens n'avait pas tardé à reconnaître la vérité ; mais Pigault appartenait à une famille honorable, il se présentait avec des vues droites et pures, et elle ne pouvait manquer de voir en lui un parti convenable pour sa fille.

Les choses cependant ne pouvaient rester longtemps dans cette situation : le père de Pigault ne pouvait en effet souffrir que son fils demeurât ainsi dans une funeste oisiveté.

— Il vous faut pourtant un état, répétait-il chaque our ; il faut vous créer une position dans le monde, et ce n'est pas à ne vous occuper que de galanteries et de toilette que vous y parviendrez.

— Que voulez-vous, mon père, je joue de malheur! J'ai déjà essayé de deux professions, et vous ne me les reprocherez pas de les avoir abandonnées : ce sont elles qui m'ont laissé en chemin.

— Etonnez-vous-en, monsieur, quand vous n'avez ni suite dans les idées ni persévérance... Mais je ne veux pas revenir sur des détails qui m'affligent. Votre jeunesse a été assez orageuse, ce me semble, pour que vous songiez à vivre désormais comme un homme sensé, comme un fils de bonne famille... Mariez-vous, monsieur, achetez une charge avec la dot... Il ne manque certes pas de familles qui seraient fières de s'allier à la mienne, les filles à marier ne sont pas rares, grâce à Dieu, et vous n'avez qu'à choisir.

— Ah! mon père, vous comblez mes vœux! et puisque votre bonté me donne liberté entière sur ce chapitre, je l'avouerai, mon choix est fait.

— Doucement! doucement!... vous avez fait un choix sans me consulter, sans rien dire, je vous reconnais à ce procédé... j'espère au moins que vous aurez songé aux convenances, à l'avenir. Je ne serais pas d'humeur à vous laisser épouser une fille de rien.

— Ah! mon père, c'est un ange de beauté, de candeur, de modestie...

— Bon, bon : mais combien donne-t-on de dot à cet ange-là?

— J'avoue que je n'ai pas encore songé à m'enquérir...

— Je l'aurais parié... Et quel est le nom de cette mystérieuse beauté?

— Eugénie Salens. Peut-être la connaissez-vous car elle habite avec sa mère une maison voisine de la nôtre.

— Ah! fort bien ! c'est à une aventurière que vous vous proposez de donner mon nom... J'aurais dû m'en douter... Bravo! monsieur, bravo! cela s'accorde à merveille avec votre conduite antérieure...

— Au nom de Dieu, mon cher père, n'outragez pas une famille respectable ; madame Salens est la veuve d'un négociant que des malheurs non mérités ont ruiné, mais il est mort en laissant une mémoire sans tache.

— Et une fille sans dot!

— Mais, mon père, je ne sais rien de positif sur ce point.

— Et moi, monsieur, j'en sais assez pour vous déclarer que je n'en veux pas entendre parler davantage, et vous faire la défense formelle de remettre les pieds dans cette maison... La fille d'un négociant ruiné! une héroïne! voilà tout ce que vous avez trouvé de mieux dans toute la ville... Voulez-vous donc me forcer à prendre un parti violent?...

Le jeune homme se retira sans répliquer, mais bien résolu à braver la colère et les préjugés de son père. D'autres chagrins vinrent l'assaillir en même temps: madame Salens lui représenta que ses visites assidues pouvaient compromettre la réputation d'Eugénie; elle le pria de les cesser s'il n'obtenait pas l'agrément de sa famille pour l'union qu'il semblait vouloir contracter, union dont elle ne se trouverait honorée qu'autant que ses intentions seraient promptement sanctionnées par une démarche de son père.

Pigault était au désespoir: René le consolait du meilleur de son cœur.

— Un peu de courage, disait-il; le diable n'est pas toujours à la porte d'un pauvre homme, et à votre place je ne me désolerais pas ainsi.

— Et que ferais-tu de mieux, mon pauvre garçon?

— Y a-t-il donc si loin d'ici à Douvres! trois heures par un bon vent... une jolie fille, ça n'est pas lourd...

— Eugénie consentirait-elle jamais à me suivre?

— Je n'dis pas oui; mais il y a un moyen sûr de n'être pas refusé.

— Lequel?

— C'est de ne rien demander.

— Tu voudrais que sans son aveu... oh! jamais!

— Mon Dieu, moi je n' veux qu'une chose, c'est de n' pas vous voir désolé comme ça... René a les reins solides, voyez-vous ; et si vous promettiez seulement de ne pas vous fâcher... y n' s'agit que d'avoir une bonne voiture, et l'un de ces soirs, quand vous sortirez de chez madame Salens, tâchez que mam'selle Eugénie vous accompagne jusqu'à la porte... vous v'là parti ; elle vous suit des yeux, c'est naturel, et pendant qu'elle vous perd de vue, moi je la serre de près... c'est-à-dire, non... j' la respecte trop... mais j' la renverse sur mes deux bras, j' la porte comme une mariée jusqu'à la voiture. Fouette, postillon !... avant minuit nous serons chez ma mère, vot' nourrice, qui vous aime tant, la brav' femme... vous v'nez nous rejoindre... la barque au gros Thomas est là... quatre avirons et un bout d' toile au vent...

— Mais Eugénie résistera.

— A moi ?... pauv' petite innocente !...

— J' lui dirai tout bas : J' suis l' frère de lait d' monsieur Charles !... si elle crie après, ça s'ra si bas qu' personne ne l'entendra.

Pigault avait trop d'amour pour conserver de la prudence : il se persuada aisément que ce projet réussirait malgré son extravagance. Une fois marié il reviendrait d'ailleurs ; madame Salens pardonnerait d'autant plus aisément à sa fille, que celle-ci n'aurait cédé qu'à la force, et quant au père Pigault, après avoir grondé bien fort, il faudrait bien, ne pouvant pas mieux faire, qu'il en prît aussi son parti. Une chose manquait seulement pour mettre ce beau projet à exécution ; chose importante, indispensable, et sans laquelle il est impossible de faire avec succès l'amour ainsi que la guerre ; l'argent enfin, cette pierre de touche de toutes les entreprises de notre infime humanité. René n'en avait pas, et Pigault n'en avait guère ; or, quelque amoureux que l'on soit, on ne s'embarque pas dans une aventure de ce genre sans avoir la bourse bien garnie. Après avoir réfléchi mûrement au moyen de lever cette difficulté capitale, Pigault décida d'attaquer bravement la place par le côté le plus formidable, et ce fut à son père qu'il résolut de demander de l'argent. Le bonhomme, comme on sait, n'était pas tendre, sa fortune était d'ailleurs peu considérable, double écueil qui rendait la négociation délicate : le jeune homme espéra toutefois s'en tirer avec honneur.

— J'ai profondément réfléchi, dit-il, aux sages conseils que vous m'avez donnés l'autre jour.

— C'est fort heureux, parbleu!... et vous avez sans doute renoncé à la folle fantaisie d'épouser une fille sans dot?

— J'ai pris la résolution de mériter vos bonnes grâces, mon père, mais le sacrifice que vous me demandez est au-dessus de mon courage ; je ne pourrai, je le sens, cesser d'aimer Eugénie, et l'absence pourra seule peut-être calmer un amour qui a pris sa source dans les sentiments les plus purs d'estime et d'admiration... mais je m'expose encore à vous mécontenter, mon père ; pardonnez ce dernier regret où je me trouve emporté malgré moi. J'ai résolu de rentrer dans la carrière que votre sagesse m'avait d'abord choisie ; j'utiliserai dans le commerce le peu de connaissances que j'y ai déjà acquises, et je viens vous demander votre agrément pour retourner en Angleterre.

— Ah! ah! le commerce!... vous auriez pu mieux trouver... Je ne m'oppose pas cependant à l'exécution de votre projet ; partez, monsieur, partez! et le plus tôt possible sera le mieux.

— Je partirai quand il vous plaira, mon cher père.

— Eh bien! cela me plaît tout de suite ; allez!

— Allez! la chose est facile à dire ; mais on ne va pas loin sans argent, en Angleterre surtout.

— Bon! bon! un apprenti négociant ne doit pas

j'imagine, trancher du grand seigneur... Quand partez-vous?

— Aujourd'hui même, si vous le trouvez bon.

— Eh bien! dans une heure je mets vingt-cinq louis à votre disposition... Je fais, je crois, largement les choses?

Ce n'était pas tout à fait l'avis de Pigault, à qui la somme était loin de paraître suffisante ; mais il ne laissa pas de se montrer satisfait, et courut sur-le-champ faire argent d'une riche montre et de quelques bijoux ; il obtint encore quelques louis de sa mère, et, muni environ douze cents francs, il s'occupa sans retard de son entreprise.

Les choses se passèrent d'abord comme René l'avait prévu ; rien ne fut plus aisé que de s'emparer d'Eugénie, de la porter dans une voiture postée près de la maison, et de l'emmener dans le village ; mais ce qu'il eût été facile de prévoir, et ce à quoi nos deux étourdis n'avaient seulement pas songé, madame Salens, aussitôt après la disparition de sa fille, courut éperdue dans le voisinage, qu'elle fit retentir de ses cris et de son désespoir.

Le père de Pigault pouvait-il tarder d'en être informé, quand cette mère éplorée accusait hautement le fils de ce magistrat d'avoir enlevé sa fille ? Il n'en fallait pas davantage pour exciter sa juste colère ; il ne pouvait se pardonner de s'être laissé si facilement duper par une ruse aussi grossière, et d'avoir surtout fait lui-même les frais d'un rapt qui allait le rendre la fable de la ville entière ; aussi prit-il si bien ses précautions que Pigault fut arrêté au moment même où il arrivait chez sa nourrice, si bien que la nouvelle de son escapade et celle de son arrestation se répandirent à la fois dans Calais.

La maréchaussée, en arrêtant le jeune fou, l'avait débarrassé d'abord de tout l'argent qu'il possédait, et tandis que l'on reconduisait Eugénie chez sa mère, on le jetait dans une étroite prison, où son père ne tarda pas à le venir voir, après s'être préalablement procuré contre lui une lettre de cachet. Nous ne dirons pas les premiers éclats de sa colère; il y avait assurément, cette fois du moins, un motif légitime à ses plaintes, à ses récriminations, aussi ne s'en fit-il pas faute.

— Voilà où vous ont conduit vos idées d'indépendance et de liberté ! Vous m'avez trompé d'abord, puis ensuite vous m'avez volé... volé ! oui, monsieur ; vous vous êtes enfin rendu coupable du rapt d'une mineure ; en voilà plus qu'il n'en faut, je crois, pour faire condamner un homme aux galères; voilà à quel degré d'abaissement vous avez fait descendre le nom que je vous ai transmis sans tache !

Pigault se faisait violence pour écouter sans répondre ces reproches si pleins d'exagération et d'amertume ; son père, cependant, à force de s'échauffer tout seul dans une discussion sans controverse, finit par se calmer un peu, et lui annonça que le ministre le laissait seul arbitre du sort de son fils, et que sa captivité finirait quand il croirait la leçon assez forte. Cette nouvelle lui rendait quelque espérance ; il ne se sentit pas le courage cependant d'implorer le pardon de son père, et son silence seulement annonça qu'il était prêt à supporter avec résignation un châtiment dont il n'accusait pas l'injustice.

V

LE VOLEUR PHILOSOPHE

La chambre où Pigault était renfermé avait huit pieds carrés environ ; un mauvais lit, une chaise et une petite table composaient tout l'ameublement de cette cellule, d'où le prisonnier pouvait sortir deux fois par jour, pour respirer, pendant une heure chaque fois, un air un peu plus pur dans une petite cour encaissée entre quatre hautes murailles. Pendant les premiers jours, toutes ses idées, tous ses sentiments, tous les battements de son cœur, convergèrent vers un même objet, Eugénie, dont la douleur devait être égale à la sienne ; mais enfin son propre malheur le rappela à lui-même, au besoin de la liberté ; et dès lors il n'eut plus d'autre pensée, d'autre espoir, car il ne comptait pas sur la clémence de son père. Deux ans déjà passés dans la captivité pour une faute bien légère lui avaient donné la mesure de ce qu'il en devait attendre, et deux nouvelles années, s'il fallait les voir s'écouler en raison dans la disposition d'esprit où il se trouvait, n'était-ce pas pire que la mort ?

Une nuit, qu'à la clarté vacillante des étoiles il mesurait l'épaisseur des barreaux en consultant ses forces et son courage, il lui sembla entendre le retentissement d'un bruit sourd qui s'élevait de l'étage inférieur à celui où était située sa cellule. Il prête l'oreille, retient son haleine, et répond bientôt par un battement de cœur à chaque coup porté par une main inconnue ; car, il n'en peut douter, le bruit est produit par le travail d'un homme qui cherche à percer le plancher sur lequel il s'est étendu pour percevoir avec plus de netteté des sons que l'on tente à dessein d'assourdir. Un espoir de délivrance traverse rapidement son esprit : qui sait ? c'est peut-être René qui a trouvé le moyen de parvenir jusque-là ! La chose lui paraît possible d'abord, puis vraisemblable, certaine enfin, et déjà il songe aux moyens de seconder les efforts de son libérateur quand il sent tout à coup une feuille du plancher se lever sous ses pieds ; et bientôt il se trouve face à face avec un homme d'un aspect bizarre, qui vient de se hisser par l'ouverture qu'il a pratiquée avec tant de travail et d'efforts. Ce n'était pas René !

— Qui donc êtes-vous ? s'écria Pigault.

— Il y a quelques instants j'étais quelque chose de plus que vous ; je venais, à force de persévérance, de recouvrer la liberté !... je le croyais du moins... Allons ! je reconnais que nous sommes égaux ; votre cachot vaut le mien !

— Ainsi vous êtes prisonnier comme moi ?

— Ni plus ni moins.

— Et comme moi, vous voulez recouvrer la liberté...

— Il est même probable que je veux plus que vous, puisque me voilà ici... Je n'en suis guère plus avancé, il est vrai... des barreaux énormes... un étage de plus... pas de cordes... et il nous reste à peine deux heures de nuit.

— La partie ne peut-elle se remettre ? J'ai un ami qui, j'en suis sûr, ne m'abandonnera pas ; tâchez, en attendant qu'il puisse vous venir en aide, de faire disparaître les débris qui révéleraient votre travail ; de mon côté, je m'efforcerai de replacer le parquet de manière à ne pas éveiller de soupçons.

— Touchez là, mon brave ! c'est entre nous désormais à la vie, à la mort : la liberté ou la potence...

Pigault fit un pas en arrière.

— La potence !...

— Ah ! je comprends ; le mot peut-être vous effraye... Pauvre garçon !... qu'a donc d'effrayant la potence ? Trois morceaux de bois dressés en arc-boutant.

— Mais ces trois morceaux de bois servent à retrancher les malfaiteurs seuls du nombre des vivants.

— Les malfaiteurs ! ah ! le mot est joli !... Mais qu'est-ce donc qu'un malfaiteur, je vous prie ? C'est tout bonnement un homme raisonnable, qui ne veut pas convenir que tout soit couleur de rose dans ce monde ; un homme qui se rit loyalement des stupides billevesées qui échappent chaque jour à la

tourbe inepte des législateurs... Les malfaiteurs !
Les sots et les méchants ne savent pas donner d'autre
nom à l'homme qui obéit à l'instinct de la nature...
Le soldat tue, pille et vole sans danger à l'abri de
l'uniforme qui l'innocente ; le brave qui enlève, au
péril de ses jours, le pain qui nourrit ses enfants, la
robe qui embellit son amante, c'est un malfaiteur !...

— Voilà, se disait Pigault, qui n'eût guère su que
répondre à des propositions tant soit peu hardies.
C'est de la philosophie transcendante, de l'utopisme
perfectionné... Il est, parbleu ! fort agréable de
rencontrer entre quatre murs un philosophe de
cette trempe !

Puis reprenant la parole après ces sages réflexions :

— Je serai vraiment enchanté, dit-il à son honorable compagnon, de faire avec vous une plus
ample connaissance.

— Nous n'avons pas de temps à perdre alors, mon
cher ami, car on doit me pendre sous trois jours.

Pigault bondit comme s'il eût mis le pied sur une
couleuvre ; mais son interlocuteur n'en parut pas
plus ému et continua fort tranquillement :

— On veut me pendre ! cela arrivera ou n'arrivera
pas ; il n'y a pas de terme moyen, donc les chances
sont égales... Cette proposition ne vous paraît peut-
être pas bien claire ; mais elle n'en vaut pas moins
pour cela, et il en résulte que je suis dans la même
position que tous les autres hommes, que la mort
menace sans cesse, et dont pas un n'a la certitude de
vivre dix minutes de plus que ce qu'il a déjà vécu. Moi,
du moins, je suis averti... mais, en vérité, tout cela
est hors de saison, et j'ai le temps, quand je suis en
tête-à-tête avec moi-même, de faire de la philosophie.
Il fera jour dans une heure, et nous avons d'ici là assez
de besogne à faire pour éviter que l'œil du gardien
vienne déranger nos projets. Adieu ! demain, dès
que la nuit sera close, nous nous concerterons, et
tout ira bien, je l'espère.

A ces mots, ce singulier personnage s'enfonça dans l'ouverture qu'il avait pratiquée et disparut laissant Pigault immobile de surprise. Quelques instants lui suffirent pour dissimuler l'ouverture en replaçant les feuilles de parquet et en mettant dessus une petite malle qui contenait son linge. Il se demanda ensuite ce qu'il devait espérer de cette voie nouvelle d'évasion ; ce qu'il devait penser surtout de ce personnage parlant si légèrement du supplice qu'il n'avait sans doute que trop mérité. Cet homme avait l'air d'un voleur de grand chemin, et c'était assurément une mauvaise connaissance ; mais les scrupules doivent-ils tenir contre le désir de la liberté? Pigault résolut de suivre l'aventure jusqu'au bout, quoi qu'en eût pu décider la fortune. La nuit suivante son compagnon fut exact au rendez-vous.

— Ce ne sera pas encore pour cette fois, dit-il ; l'obscurité n'est pas encore assez profonde ; demain il n'y aura pas de lune, et nous pourrons partir tranquillement. En attendant nous allons scier un de ces barreaux, pour qu'il cède plus tard au premier effort ; à vous le bas, mon camarade ; pour moi, je me charge du haut.

A ces mots, il donna à Pigault une des deux petites limes qu'il tira d'un endroit dont le lecteur ne pourrait jamais s'imaginer que l'on pût faire une cachette, et il se mit à l'ouvrage avec ardeur. Pigault n'hésita pas à l'imiter, et les instruments qu'ils employaient étaient d'une trempe si fine, qu'au bout d'une heure l'énorme barrière qu'ils avaient attaquée n'offrait plus aucune résistance, bien que la coupure en fût imperceptible ; les efforts d'un enfant eussent suffi pour la renverser.

— Çà, mon brave camarade, dit l'inconnu, j'espère que lorsque le moment sera venu d'agir, vous ne manquerez pas de résolution. Attenter à la liberté d'un homme, c'est plus qu'attenter à sa vie, et le prisonnier qui s'évade se trouve forcément dans le cas de légitime défense... Voici un instrument qui m'a rendu plus d'un service en pareille circonstance ; je vous le confie sans scrupule ; en cas de besoin, ayez le coup d'œil sûr et le poignet bon : il faut toujours que le premier coup suffise ; ce n'est qu'aux écoliers de s'y prendre à deux fois.

En parlant ainsi, il tirait de dessous ses vêtements un long poignard qu'il présentait à Pigault. Ce ne fut pas sans un mouvement d'horreur et d'hésitation que celui-ci s'en saisit. Certes il était prêt à tout entreprendre pour recouvrer sa liberté ; mais il sentait que sa résolution n'allait pas jusqu'à attenter aux jours de ceux qui pourraient s'opposer à sa fuite : cependant il comprit aussitôt de quel intérêt il était pour lui de laisser à son compagnon l'opinion qu'il avait de son barbare courage, et il lui promit de l'imiter en tout point.

— Bravo donc! mon nouvel ami : je vois qu'il y a de l'étoffe, et une fois libre, il ne tiendra qu'à vous d'embrasser une carrière d'indépendance et de joie, dont je m'offre à vous aplanir les pénibles commencements. Il ne sera pas inutile toutefois que je sache un peu qui vous êtes ; il faut se connaître au moins avant de faire route ensemble, et pour vous donner l'exemple à la fois et mériter votre confiance, je vais vous dire sans forfanterie et sans détour quel homme le ciel vous donne pour compagnon aujourd'hui.

On me nomme Bontemps l'intrépide ; Bontemps, c'est le nom de mon père, il ne m'a rien coûté : quant au surnom, il me reste assez de temps jusqu'au jour pour vous prouver que je ne l'ai pas volé. Mon père, brave fermier, riche, estimé de son voisinage, tenait à honneur d'avoir un prêtre dans sa famille : ce diable d'orgueil le décida à m'envoyer au séminaire dès que j'eus fait quelques études. Le bonhomme avait ses projets, que le ciel le lui pardonne, mais il n'avait oublié qu'une chose, c'était de me consulter avant d'en entreprendre l'accomplissement. J'aime la prêtraille comme un autre, elle n'est pas inutile en ce bas monde pour nous souhaiter la bienvenue à l'arrivée, et nous graisser les bottes au départ; mais le métier n'était pas de mon goût : j'avais envie de voir le monde, et je préférais la simple casaque de soldat au noir uniforme d'abbé. La veille donc du jour où je devais entrer dans une de ces pépinières de cafards, je pris mon temps pour enfoncer gaillardement certaine armoire que je savais bien garnie, et après avoir fait à mon brave homme de père un emprunt forcé que la morale, à la rigueur, pouvait ne considérer que comme un avancement d'hoirie, je pris sans façon la route de Paris, où j'arrivai promptement. Quinze jours après, je ne possédais pas un double. J'avais trouvé là tant de choses à mon gré, les jolies filles, la toilette, le spectacle, la table, le jeu : que de bonheur à dix-sept ans pour un échappé du séminaire ! Je m'engageai : c'était le revers de la médaille, la transition me parut un peu brusque; le métier de soldat se trouvait moins agréable que je ne l'avais pensé ; à ce mal il n'est qu'un remède, aussi dans l'espace de moins de six mois désertai-je trois fois. La plaisanterie était un peu forte, et il fut question enfin de me mettre du plomb dans la tête, sous prétexte que j'étais trop léger à la course : cela valait la peine d'y réfléchir ; le conseil de guerre avait prononcé la sentence, et je n'avais que quelques heures pour me préparer à faire la dernière étape ; je commençai à méditer sur la sagesse du proverbe qui assure qu'il vaut mieux tuer le diable que de se laisser tuer par lui. Le principal était de gagner du temps, je demandai donc à être conduit près du colonel, fort malade alors, et à qui je prétendais avoir à révéler un complot, qui tendait à lui ravir la fortune et l'honneur. Ce ne fut pas sans peine que j'obtins cette suprême entrevue, qu'il accordait à mon repentir; quatre hommes me conduisirent jusques auprès du lit du malade ; il consentit à m'entendre sans témoins, et ordonna à mes gardes de se placer à la porte et de venir me chercher dans quelques instants ; cet ordre était à peine exécuté que je m'élance vers le colonel, je le saisis à la gorge d'une main puissante et je lui arrache la vie, à lui qui voulait me la ravir, avant qu'il ait le temps de se reconnaître. Il n'y avait pas un moment à perdre ; l'audace et la promptitude pouvaient seules me sauver. Je saisis sa bourse, ses bijoux, je m'élance par la fenêtre, et bientôt, après avoir rapidement traversé le jardin et escaladé le mur je me trouve libre.

Une première difficulté se présentait, c'était de me procurer des habits ; j'y parvins en prodiguant l'or. Bientôt rendu méconnaissable, je résolus de tout entreprendre pour sauver mes jours, sur lesquels tout les bourreaux du royaume avaient désormais des droits. Ce n'était pas moi qui avais commencé la guerre, et je me trouvais désormais cependant en en hostilité contre la société : il n'y avait à espérer ni paix ni trêve ; aussi me vis-je forcé de faire supporter à l'ennemi les frais d'une campagne qui devait durer jusqu'à mon dernier soupir.

Mon raisonnement était judicieux assurément, ma conduite ne fut pas moins logique ; et, parvenu bientôt à réunir un noyau de joyeux compagnons, victimes comme moi de l'injustice et des préjugés du monde, je me jetai à corps perdu dans une carrière aventureuse où, à défaut de fumée de gloire, on trouve du moins de la variété, de l'émotion et du plaisir.

Pigault écoutait immobile le récit du bravo, qui ne tarit pas bientôt en expéditions périlleuses, en dramatiques coups de main, en aventures égrillardes. Souvent nous l'avons entendu depuis assurer, en racontant cet épisode de sa vie, que jamais récit, drame ou roman, n'avait produit sur lui une émotion aussi intime, une impression aussi profonde que le récit de cet homme dont la fatalité liait visiblement la destinée à la sienne. — Sans doute, disait-il, la circonstance, l'heure, le lieu, jetèrent dans mon âme une sorte de terreur dont je ne pus me défendre : mais je crois que partout ailleurs le sang-froid de ce scélérat, racontant ses crimes comme des victoires, se riant de tout ce que l'humanité a de sacré, la société de saint, et jouant dérisoirement avec la mort, je crois que tout cela, rehaussé du ton, du geste, du regard de ce bandit émérite, eût suffi pour faire dresser les cheveux au front du plus intrépide.

Bontemps avait fini son récit; il se taisait comme l'acteur, certain, après une tirade brillante, de recueillir des applaudissements mérités. Pigault cependant ne lui adressait ni félicitations ni blâme ; et ne sachant trop comment interpréter ce silence : — Si cela ne vous suffit pas, dit-il, vous êtes, parbleu! difficile ou blasé : je suis, d'honneur, curieux de savoir ce que vous aurez à me raconter à votre tour.

— Mon Dieu! mon histoire est bien simple; je vous la dirai, si vous voulez, mais je doute fort, et je l'avoue qu'elle soit de nature à vous intéresser.

— Parlez toujours, qui sait? j'aime le genre pastoral, cela repose et calme les nerfs en attendant mieux.

Le récit de Pigault fut court; il dit tout, mais n'exagéra rien, et parla de son père avec respect et tendresse, malgré la rigueur avec laquelle il en était traité.

— C'est là tout? dit le bandit.
— Tout absolument.
— Tant mieux! j'en suis enchanté, mon brave.
— Vous vous contentez facilement.
— Non, d'honneur! mais votre récit me charme. Moi, par exemple, la société me repousse, me hait et veut me faire pendre; rien de mieux, elle a du moins ses raisons pour cela. Mais vous, qu'a-t-elle à

vous reprocher? vous l'avez servie au lieu de lui nuire, et cependant comment vous traite-t-elle?... Vous n'avez pas de sang au cœur ou vous devez la détester; vous devez avoir soif de vengeance, car vous êtes un homme d'énergie, et j'en conclus que vous serez un excellent compagnon, dont j'aurai à me féliciter d'avoir fait la rencontre... Mais, diable! il ne faut pas vous aviser d'être ainsi amoureux; ayez des maîtresses tant que vous voudrez, mais ne les aimez pas outre mesure, et soyez toujours prêt à les quitter pour les plaisirs ou le péril... Allons, ami, un grain de philosophie, et décidez-vous à être des nôtres... Eh bien ! la proposition ne vous agrée pas, ce me semble?

— Oh, non ! je ne suis pas d'humeur à m'engager légèrement. Je consens à partager vos dangers pour sortir d'ici; mais une fois libre, je m'appartiens...

— La chose va sans dire, et pourtant, dans ce monde, il faut être dupe ou fripon, il n'y a pas de terme moyen; il y a bien par-ci, par-là des gens qui cumulent, mais il n'est pas dans la nature d'être tour à tour trompeur et trompé. Pour moi, je suis en tout partisan de la liberté des opinions et dans votre sagesse vous aviserez à choisir votre lot. Permettez-moi de vous faire observer seulement, que la liberté sans argent est une assez triste chose, et que ce n'est pas un grand avantage qu'être libre de mourir de honte ou de faim.

— Dispensez-vous de tant d'inquiétudes; j'ai reçu une éducation passable, je possède quelques talents d'agrément, et puis la colère de mon père finira nécessairement par se calmer.

— Ah! ah! des conjectures! des espérances! triste monnaie, mon bon ami, et qui n'a pas cours sur la place!

— J'ai tort, peut-être, mais vous tenteriez vainement de me faire changer de résolution.

— Eh! je n'en ai vraiment nulle envie : c'est une

cure dont le temps et l'expérience se chargeront...
Voici le jour, adieu! n'oubliez pas que c'est la nuit
prochaine que doit s'accomplir l'œuvre de notre délivrance. C'est là l'important; votre morale et vos
beaux projets ne sont qu'un bien pauvre accessoire.

Pigault était mécontent de lui-même : il se reprochait cette sorte d'association, de fraternité avec un
bandit; mais il se rappelait en même temps les deux
années de captivité que lui avait fait subir la rigueur
de son père; il pensait que s'il laissait échapper cette
précieuse occasion de recouvrer la liberté, il cour-
rait risque de passer les plus beaux jours de sa vie
entre quatre horribles murailles, et ces réflexions
l'affermissaient dans la résolution de tout braver
pour sortir d'un cachot où il était si injustement re-
tenu. C'est assailli de ces idées, qu'il passa le restant
de la nuit et toute la journée suivante, tantôt se faisant un horrible tableau du désespoir d'Eugénie,
tantôt s'enivrant de l'espérance de se retrouver bientôt dans ses bras; il était encore en proie à cette
cruelle perplexité, lorsque la nuit vint le surprendre,
et avec elle la visite de son libérateur.

— A l'œuvre! s'écria celui-ci en pénétrant dans
la cellule. Je vous dois toutefois un dernier avis :
demain, vous le savez, on doit me faire faire la
dernière gambade; c'est donc de vaincre ou de
mourir qu'il s'agit en ce moment; tâtez un peu
votre résolution. Moi, la mort, je ne la crains pas ;
nous nous sommes vus déjà d'assez près plus d'une
fois pour que, sous quelque forme qu'elle se présente, elle ne me fasse pas rompre d'une semelle.
Vous, c'est une autre affaire; il ne s'agit pas ici d'un
duel où l'on défend bravement sa vie, mais d'un
coup de main où on la vole. Réfléchissez donc à ce
que je vais vous dire, car il ne sera plus temps tout
à l'heure de reculer ; Si, une fois sorti d'ici, il vous
arrivait d'hésiter à me suivre, si vous tentiez de faire
un pas en arrière, si, en cas d'attaque, vous étiez

assez lâche pour vous rendre sans défense, je vous le jure ici, sans colère comme sans pitié, je serais à l'instant même votre juge et votre bourreau...

Cette menace, dans la bouche d'un tel homme, fit bondir le cœur de Pigault; il pâlit, ses dents se serrèrent, et, d'un mouvement rapide, il porta instinctivement la main au poignard que lui avait remis son compagnon.

— Bravo! s'écria celui-ci; voilà la meilleure réponse qu'il fût possible de me faire!

A ces mots, il saisit le barreau qui avait été scié la nuit précédente, l'enleva, et, se hissant sur l'appui de la fenêtre, il fit signe à Pigault de le suivre dans ce hasardeux chemin.

La fenêtre était élevée de près de quarante pieds; Bontemps avait prévu cette difficulté, et il tira de dessous ses vêtements une corde qu'il avait roulée autour de son corps, il en attacha fortement une extrémité à un des barreaux, et s'élançant dans l'espace, à l'aide de ce frêle soutien, il atteignit sans malencontre le sol où Pigault le suivit bientôt.

— Nous ne sommes guère plus avancés, dit ce dernier après s'être orienté à la faible clarté des étoiles; cette cour est celle où je me promène chaque jour. De tous côtés un mur élevé nous arrête...

— Parbleu! croyez-vous donc qu'on passe d'une prison dans la rue, comme du salon à l'antichambre? Nous ne sommes tout au plus qu'au quart de notre rude besogne; du courage donc, et à la grâce de Dieu! Il lança, en disant ces mots, sur le faîte du mur, un crochet auquel se trouvait attachée sa corde, et, s'aidant aussitôt adroitement des nœuds ménagés de distance en distance, il ne tarda pas à se trouver à califourchon sur le mur, ainsi que Pigault, qui l'avait suivi dans son voyage aérien.

— Tirez la corde à vous, lui dit-il, et jetez-la de l'autre côté du mur; si la ronde ne nous a pas déjà découverts, nous pourrons dans quelques instants crier terre !

Il fut interrompu par un bruit sourd et éclatant, dont il ne reconnut que trop vite la cause : Pigault, dans sa précipitation, avait négligé d'assurer le crochet auquel était attachée la corde, et il venait de tomber de l'autre côté, emportant avec lui toute espérance de salut.

— Tonnerre ! s'écria le bandit, est-il donc écrit que je périrai par la corde ? J'entends le hurlement des chiens ; le poste a déjà pris les armes. Au petit bonheur : quitte ou double !

Et il s'élança du sommet de la muraille sur le pavé avec tant de légèreté et d'adresse, que Pigault le vit aussitôt prendre sa course et disparaître. Pour lui, moins heureux dans la même tentative, il se blessa grièvement en tombant, et la garde en accourant le trouva étendu sur la place.

Cette aventure n'était pas propre à améliorer la situation du pauvre Pigault ; non seulement il fut réintégré aussitôt dans la prison, mais sa captivité, malgré sa blessure, devint plus rude que jamais.

Près de deux ans s'écoulèrent ainsi, sans que la résignation, la patience ni la douceur du prisonnier vinssent apporter quelque adoucissement à la rigueur dont il était le déplorable objet. Son père semblait l'avoir oublié, et lui, de son côté, conservait trop de fierté malgré ses souffrances, pour implorer le pardon d'une faute assez cruellement expiée. Ainsi, livré aux regrets, à l'étude, à la méditation, il souffrait sans se plaindre lorsqu'un événement insignifiant en apparence, vint changer tout à coup sa position.

Le concierge avait une fille, qu'il avait mise au couvent, pour y faire son éducation, suivant l'usage du temps : Rosette était sortie de pension aussi ignorante qu'elle était entrée ; cela devait être, car les bonnes religieuses faisaient consister tout leur enseignement dans la régularité des prières, la perfec-

René, frère de lait et confident de Pigault.

tion des massepains et le respect des saints du calendrier. La jeune fille ne tarda pas à s'apercevoir de son ignorance : elle était jolie, spirituelle, et les plaisanteries de ses jeunes amies lui faisaient monter la rougeur au visage, toutes les fois que son silence ou ses questions trahissaient, dans la vie commune, son ignorance des choses les plus innocentes et les plus simples.

Elle tourmentait son père chaque jour : ses jeunes amies savaient la musique, la danse, un peu de dessin ; elle, elle ne connaissait que le psautier et brûlait du désir de s'instruire. Le brave geôlier compatissait de grand cœur aux petites douleurs de sa fille, mais sa fortune était mince, les maîtres n'étaient pas communs à Calais, et il fallait se résigner à se contenter de la modeste éducation du couvent, au risque de ne jamais trouver de mari.

— Mais, parbleu ! se dit-il un jour, j'ai sous la main un professeur dont les leçons ne me coûteraient qu'un peu de complaisance : M. Pigault est obligeant, instruit ; ma fille ne court aucun risque avec lui, car il serait dès longtemps rendu à la liberté si son cœur n'était pas occupé tout entier par un fol amour : voilà de tout point le professeur qu'il me faut.

Dès le jour même la proposition en fut faite au captif. Il n'était pas d'humeur à refuser, bien que le rapport de circonstances bizarres lui rappelât le funeste événement qui avait eu une si fatale influence sur sa carrière. Il ne connaissait pas son élève, mais que lui importait dans sa situation cruelle ! laide, elle lui aiderait à tromper par l'étude les longues heures de la captivité ; jolie, elle adoucirait par sa présence des souvenirs qui devenaient chaque jour un nouveau tourment.

Dès lors il s'occupa exclusivement de l'éducation de la jeune et charmante Rosette, dont la vue avait surpassé tout ce que son active imagination avait pu se figurer d'aimable et de gracieux. A partir de cette époque, il commença à jouir d'un peu plus de liberté ; sa prison s'agrandit et il lui fut permis de prendre quelques heures de repos dans le jardin de la maison ; mais ce semblant de liberté ne fit bientôt que lui rendre sa captivité plus insupportable. Pigault était jeune et passionné, son élève était belle et sensible ; dans le long tête-à-tête de leurs leçons, l'amour pouvait-il manquer de se mettre de la partie? Un geôlier seul était capable de ne pas prévoir ce résultat.

Le cœur de Pigault ne fut pas tout à fait infidèle à la belle Eugénie cependant ; c'était d'elle seule qu'il était occupé sitôt que l'absence de Rosette le rendait à lui-même ; à elle seule se rapportaient toutes ses pensées, toutes ses espérances ; s'il brûlait du désir d'être libre, c'était pour courir à ses pieds, pour lui faire oublier ses chagrins, ses peines. Il se gardait fort, il est vrai, de laisser deviner une seule de ces pensées à la gentille et naïve Rosette ; la pauvre petite aimait de si bonne foi, avec tant de candeur, de dévouement, qu'il eût fallu être de glace pour oser tromper son erreur auprès d'elle. — Et puis le cœur de l'homme est si vaste! — Bientôt une passion violente unit Pigault et son élève ; les leçons du professeur, poussées beaucoup plus loin que ne le pouvait supposer le père, devinrent plus fréquentes et plus longues chaque jour ; l'humide cachot, l'étroite cellule devinrent un séjour de bonheur ; l'amour en faisait un palais de fée... Tant de félicité ne pouvait durer longtemps !

En dépit du charme qu'il trouvait à voir si bien profiter ses leçons dans le cœur de sa jeune élève, Pigault se sentait chaque jour tourmenté davantage du désir de la liberté. En vain avait-il épié les occasions de se soustraire à l'active surveillance qui l'entourait ; sans le secours de Rosette il lui devait être toujours impossible de fuir, et jamais il n'avait pu trouver le courage de briser le cœur de l'adorable enfant en lui avouant qu'il n'y avait de bonheur pour lui que loin d'elle. Un jour, après une leçon plus intéressante encore que de coutume, et où les preuves, à l'appui des arguments, avaient été à la fois nombreuses et convaincantes, la pauvre petite s'était endormie dans les bras de son amant. Une pensée soudaine, bizarre, vint lui traverser l'esprit, et sans donner à la raison le temps de lui en démontrer la folie, il se mit à exécution. Doucement d'abord, il se débarrasse des bras charmants qui l'étreignent; il enlève successivement le bonnet, le fichu, le mantelet de la jeune fille, et après s'en être revêtu tant bien que mal, il donne un dernier baiser d'amour à cette bouche rosée, qui murmure encore son nom durant le sommeil, et se dirige hardiment vers le guichet. Le guichetier à demi ivre, selon sa coutume, ouvre lourdement un œil stupide, adresse un compliment grossier et fait jouer la lourde clef dans la serrure.

Pigault est libre encore une fois.

VI

LA BLONDE ESTHER

C'était beaucoup assurément d'avoir recouvré la liberté, mais il ne fallait pas encore chanter victoire, car l'important était maintenant de trouver moyen de la conserver. Après avoir marché rapidement, sans autre but que de mettre une plus grande distance entre lui et la prison, il songea à changer de vêtements. Mais à qui s'adresser ? il avait bien quelques amis avant sa captivité; leur oubli durant ces deux ans de malheur l'eût fait rougir de recourir à leur assistance. René, son frère de lait, lui eût été d'un grand secours dans ce moment, mais qu'était-il devenu depuis leur triste aventure? La position cependant devenait à chaque instant plus critique, la soirée était assez avancée déjà, et, malgré l'obscurité profonde, la bizarrerie de son accoutrement et sa démarche embarrassée attiraient l'attention de toutes les personnes qui passaient près de lui. Le temps s'écoulait d'ailleurs; que faire, quel parti prendre, ou passer la nuit sans argent?

A tout hasard, le pauvre fugitif se dirigea vers la maison de madame Salens; il avait assez cruellement expié ses torts envers elle pour espérer qu'elle ne le repousserait pas; et d'ailleurs Eugénie ne devait-elle pas intercéder pour lui de sa voix touchante? Cette dernière réflexion lui rendit un peu d'espérance, il hâta le pas et sonna en arrivant à la porte. Une servante à l'air maussade lui vint ouvrir aussitôt.

— Que demandez-vous à cette heure?

— Je voudrais parler à madame Salens.

— En ce cas, vous avez un bon bout de chemin à faire, car elle est loin, la chère dame.

— Madame Salens a quitté Calais?

— Après l'aventure arrivée à sa fille, elle n'avait, je crois, rien de mieux à faire... Il y a deux ans qu'elle est partie pour Amsterdam; si vous voulez l'aller trouver, la route est bonne, Dieu vous conduise.

Et, sans prolonger l'entretien, elle lui ferma la porte au nez. Cette cruelle nouvelle lui causait un bien vif chagrin; il ne s'attendait pas à ce dernier malheur : c'était l'espoir de revoir Eugénie qui lui avait donné le courage de recouvrer sa liberté; c'était cet espoir qui le soutenait encore un moment auparavant, malgré les dangers dont il marchait environné.

— Eh bien! j'irai la chercher, se dit-il; j'irai en Hollande!... je l'épouserai...

4.

Mais une question plus pressante venait l'arrêter au milieu de ses beaux projets :

— Où allait-il passer la nuit?

Il avait marché quelques pas tristement après avoir vu disparaître la servante, et il se trouva bientôt devant la maison de son père; il était nuit close, et il s'arrêta quelques instants pour réfléchir. En ce moment, une femme s'avançait vers lui avec un falot; c'était Catherine, bonne fille, depuis plus de quinze ans au service du père de Pigault : le jeune homme l'arrêta au moment où elle allait franchir le seuil de la maison.

— Ma chère Catherine, arrêtez un instant, je vous prie.

— Sainte Vierge, quelle voix!

— Vous la reconnaissez, n'est-ce pas?

— Dieu me pardonne! c'est M. Charles en carême-prenant...

— Parlez plus bas... vous ne voulez pas me faire reconduire en prison?...

— Ah! doux Jésus! que le bon Dieu me préserve d'avoir une pareille pensée !... Y faut convenir que monsieur a le cœur ben dur pour son sang... Pauvre petit monsieur Charles ! Mais aussi pourquoi ne pas lui écrire, lui demander pardon?... car il paraît que c'est là ce qui fait durer si longtemps sa colère.

— Ne parlons pas de cela, Catherine, il s'agit avant tout de me trouver un gîte pour cette nuit et de me procurer demain des habits?

— Est-ce que l'on ne trouve pas du tout avec de l'argent? Ça n'est pas difficile, et je vas dans ma chambre vous chercher mon petit boursicot...

— Eh! quand j'aurais de l'or, où veux-tu que je me présente avec ce costume?

— Y faudra pourtant bien que vous couchiez quelque part?

— C'est ce que je me tue de te dire... Tiens, ma bonne Catherine, il n'y a qu'un moyen. Je vais entrer derrière toi, je me glisserai dans l'escalier, je monterai sans bruit au troisième, et tu m'apporteras la clef.

— Vous voulez coucher dans ma chambre?... mais moi?

— Eh ! parbleu ! vous vous y coucherez bien tranquillement aussi !

— Sainte mère de Dieu ! monsieur Charles, est-il bien possible que vous en vouliez à l'honneur d'une pauvre fille qui ne demande qu'à vous sauver !

— Mais non, il n'en sera ni plus ni moins ; personne ne le saura ; je pars avant le jour... D'ailleurs nous nous connaissons depuis quinze ans, nous serons là comme frère et sœur. Et puis il n'y a que ce moyen de m'empêcher de retourner en prison ; en me conservant la liberté, tu me sauves la vie... Veux-tu donc être la cause de ma mort?

— Ah ! mon Dieu ! quelle terrible histoire?... dire qu'on est arrivée à quarante ans pour voir des choses comme celles-là?

— Je te jure, Catherine, que tu ne verras que ce que tu voudras voir.

— Je ne veux pourtant pas être la cause de la mort de mon prochain... C'est qu'il n'y a guère de place pour deux !

— Bon ! une nuit est bientôt passée !

La bonne fille se décida : Pigault fut introduit, non sans avoir promis de se coucher tout habillé, et un quart d'heure après il s'étendait tout tranquillement dans le lit de Catherine, qui ne tarda pas à le rejoindre.

— Ah çà ! monsieur Charles, vous savez ce que vous m'avez promis ! Mon Dieu ! je suis tremblante : qui est-ce qui m'aurait jamais dit?... Je vais éteindre la chandelle... faites-moi un peu de place... dire que nous sommes sous la même couverture... Monsieur Charles, vous avez dit comme frère et sœur !...

— C'est vrai, Catherine, mais ce n'est pas une raison pour se tourner le dos.

— Mon Dieu! le lit est si étroit! N'allez pas vous laisser tomber dans la ruelle au moins... vous avez bien assez souffert; deux ans de prison!... Quand je pense aux privations que vous avez endurées, ça me fend le cœur... Ah! par exemple, nous n'étions pas convenus... Monsieur Charles, vous devez vous rappeler!... Ah! sainte Vierge... mon doux Jésus!... Ah! ah!...

— Puis un long silence succéda, qui annonça qu'en âme pieuse Catherine adressait au ciel l'hommage de sa résignation.

Elle avait raison, la bonne fille, le péril n'était pas très grand; mais des dangers plus réels et d'une autre espèce se préparaient. Après une conversation assez longue, où Pigault put reconnaître dans Catherine des qualités qu'il n'avait pas soupçonnées d'abord, tous deux s'étaient enfin endormis; mais Pigault avec l'esprit trop vivement préoccupé pour que, malgré la fatigue, son sommeil pût être profond; aussi ne tarda-t-il pas à être réveillé par une sorte de bruit sourd qui se faisait dans la maison. Bientôt il croit entendre marcher avec précaution dans l'escalier; quelqu'un monte vers son asile, il n'en peut plus douter; a-t-il interrompu le sommeil profond de son père? Est-ce lui que l'on cherche? A-t-on découvert déjà sa retraite?... Dans sa perplexité cruelle, il prête une oreille attentive, ses yeux sont fixés sur la porte dans l'obscurité; tout à coup il la voit s'entr'ouvrir intérieurement et deux hommes entrent avec précaution. Il jette la couverture sur sa tête pour attendre l'événement, et bientôt il entend distinctement ces paroles:

— Tu dis donc qu'elle connaît le bon endroit... Il faut la prendre par la douceur: mais si elle fait mine de crier... ma foi, en avant le baume d'acier.

Plus de doute, ce sont des voleurs. La résolution

de Pigault est bientôt prise; il s'élance hors du lit, saisit une chaise et se jette à la rencontre de ces deux hommes, dont l'un vient d'allumer une bougie.

— Tiens, dit un des deux voleurs au moment où Pigault va porter un terrible coup, je ne croyais pas être ici en pays de connaissance! d'où diable sortez-vous donc, mon camarade?

Pigault avait aussitôt reconnu Bontemps, et l'étonnement de retrouver ce coquin dans cette bizarre circonstance l'avait arrêté tout court.

— Êtes-vous devenu muet depuis notre dernière entrevue? Pour moi, j'ai toujours bien la langue bien pendue... en attendant le reste.

— Je suis sorti aujourd'hui même de la prison où nous nous sommes rencontrés il y a deux ans, et j'espère qu'en considération de notre ancienne connaissance, vous voudrez bien chercher fortune ailleurs...

— Et vous avez grand tort d'espérer cela, mon camarade... Mais attendez donc que je me rappelle votre histoire... Vous aviez un père magistrat... possédé de l'immorale habitude de vous faire manger de la prison.

— Il m'y aurait vraiment laissé jusqu'au jugement dernier si je n'étais parvenu à m'évader aujourd'hui.

— Et n'est-ce pas chez ce digne homme que nous avons l'honneur de nous trouver en ce moment?

— Chez lui-même.

— Eh bien ! mon cher camarade, j'en suis désolé pour monsieur votre père, mais je n'ai pas l'habitude de remettre la partie quand elle est à peu près gagnée ; nous sommes ici, nous n'en sortirons pas les mains nettes, et vous pouvez vous en féliciter comme nous, car d'ordinaire on sort de prison assez désargenté... Ah çà ! mais où donc est la vieille ?

— Rendez-moi du moins le service de ne pas éveiller cette pauvre fille ; la frayeur serait capable de la rendre folle, et vous n'en pourriez rien tirer.

— Non seulement ce service, mon garçon, mais un autre encore ; j'y mets toutefois une condition, c'est que vous allez me donner votre parole de ne pas sortir de cette chambre et de ne pas prononcer un mot tant que durera notre expédition ; le tout fini, je viendrai vous dire un adieu d'ami, car je veux, je le jure, que vous soyez content de moi.

La résistance était inutile, Pigault le voyait assez, puis, après tout, il ne s'agissait pour son père que d'une légère perte d'argent, tandis qu'il ne pouvait s'opposer à l'entreprise de ces misérables qu'en risquant sa vie ou du moins d'être découvert et reconduit en prison. Il donna la parole qu'on lui demandait, et Bontemps sortit aussitôt avec son compagnon, en promettant de ne pas le faire attendre.

Il reparut bientôt en effet, tenant d'une main un panier d'argenterie et de l'autre les quatre coins d'une serviette où il avait rassemblé pêle-mêle l'or, les bijoux et tous les objets précieux qu'il avait trouvés.

— Maintenant, mon garçon, dit-il après avoir tranquillement déposé son butin sur une table, nous avons le temps de causer, car l'opération est terminée et le bonhomme ronfle comme sur son siège du tribunal ; vous allez donc me dire comment il se fait que vous soyez sorti de prison tout exprès pour venir coucher avec cette vieille fille dont le sommeil de plomb célèbre si haut votre éloge.

Pigault lui raconta sur son évasion des détails qu'il arrangea le mieux possible pour ne compromettre en rien l'honneur de la pauvre Rosette.

— Les hommes de résolution comme vous sont généreux d'ordinaire, ajouta-t-il : j'espère encore qu'après avoir prouvé que vous ne cédiez ni à la faiblesse ni à la crainte, vous consentiriez à ne pas dépouiller mon père de ces objets, qui sont une partie de sa fortune.

— Nous retombons dans la morale, mon cher ami, et vous me demandez l'impossible.

— Eh bien! alors, je ferai le sacrifice de ma liberté ou de ma vie, et vous n'irez pas plus loin !

Pour toute réponse, Bontemps fit entendre une sorte de cri guttural et sourd qui à l'instant appela dans la chambre quatre individus de mauvaise mine qui se tenaient sur le palier.

— Avec des sapeurs de cet uniforme, on s'ouvre passage partout, dit-il en riant, mais il ne faut pas croire que je vous en veuille pour cela, mon camarade, vous avez le cœur haut placé, je vous en félicite sans doute ; vous rendez le bien pour le mal, grand bien vous fasse ; aussi je vous porte de l'amitié et je veux vous en donner une preuve. Vous ne pouvez rester plus longtemps ici, n'est-ce pas ? Vous n'avez pas le sou pour aller ailleurs ; eh bien! sans façon, acceptez cette bagatelle.

En disant ces mots, il prenait dans la serviette la plus grande partie de l'or qui s'y trouvait et la présentait à Pigault stupéfait de cette action singulière.

— Je l'accepte, dit-il après être revenu de son premier mouvement, je l'accepte pour le conserver à mon père.

— Un instant, tendre fils, ce n'est pas là mon compte. Vous lui devrez, à la bonne heure, moi aussi, je lui devrai, la chose est juste ; mais vous allez me donner votre parole d'honneur de garder la somme pour vous, ou je vais tout à l'heure vous forcer à la rendre en vous faisant son héritier. Sacrebleu ! ce n'est pas du père que je veux être l'ami... assez... ne dirait-on pas que je discute... comme si je n'étais pas le maître ici ?... Allons, endossez tant bien que mal votre costume de pucelle, et suivez-moi... Je crois vraiment que si je ne me fâche, il sera d'humeur à se faire reconduire en prison plutôt que de contrarier un peu ce brave podagre qui ronfle en bas : peut-être a t-il aussi le regret de ne pas offrir une rôtie au sucre à sa vieille.

Force était bien d'obéir, car il y a toujours folie à se buter contre un mal sans remède. Le jour commençait à poindre ; Bontemps frappait à la porte de la première boutique de fripier qu'il aperçut, et dix minutes après Pigault, vêtu d'un costume de maquignon normand, était devenu méconnaissable. Bontemps lui remit alors de l'or, et le quitta après lui avoir conseillé de sortir de la ville le plus tôt possible : c'était ce qu'il avait de mieux à faire en effet ; aussi prit-il immédiatement place dans la voiture qui partait pour Arras.

L'intention de Pigault était de se rendre en Hollande, et il avait maintenant une somme suffisante pour accomplir ce dessein ; mais il ne pouvait partir sans bagage ; il voulait aussi tâcher de se procurer des papiers sous un autre nom que le sien, afin de pouvoir se soustraire aux recherches que son père ne manquerait pas de faire. Pour y parvenir, il se rendit d'Arras à Lille, où plusieurs de ses anciens camarades de la gendarmerie d'élite tenaient alors garnison. Il fut accueilli en frère parmi eux : on avait eu vaguement de ses nouvelles, on savait que son père l'avait de nouveau fait mettre sous les verrous ; aussi s'empressa-t-on à l'envi de le traiter de manière à lui faire oublier ses souffrances et ses chagrins. Ce fut pendant trois jours une suite non interrompue de parties de plaisir ; on passait les jours à table et les nuits... Dieu sait où ! Malheureusement les jeunes officiers n'avaient pas la bourse bien garnie, et l'or de Pigault allait d'un train à effrayer le plus imprudent.

— Ah çà ! dit l'un d'eux le matin du quatrième jour, je remarque que Pigault paye plus souvent qu'à son tour et en conscience ça n'est pas juste.

— Eh bien ! tâche de trouver de l'argent pour réparer l'injustice, répondit un autre.

Le pauvre mari reste d'abord frappé de stupeur en voyant devant lui Pigault en chemise et en caleçon (page 84).

— Certainement, j'en trouverai, car il serait scandaleux que notre ami nous eût fait les honneurs de notre ville. Ne dirait-on pas que c'est la mer à boire que de trouver de l'argent !

— A toi carte blanche : as-tu ingénié un moyen ?

— J'en ai trouvé deux, mon ami.

— Il suffit qu'il y en ait un de bon. Voyons.

— D'abord Pigault paraît être assez abondamment pourvu d'espèces.

— Mais ce sont précisément les siennes que tu proposes d'épargner.

— D'accord ; en conséquence, je vais le prier de nous prêter à chacun dix louis : je suis sûr qu'il ne nous les refusera pas.

— Assurément ; mais tu as trouvé un secret précieux en finances, si tu parviens ainsi à grossir la bourse.

— Un instant : tu t'imagines qu'une fois les dix louis en poche il ne s'agit plus que d'aller manger à la Croix-Blanche ou à la Cloche-d'Argent ! Du tout : il faut savoir se faire une raison ; voilà pourquoi nous allons dîner chez madame Lafont ; après le dîner la partie s'engage, nous jouons prudemment, nous triplons notre somme, nous rendons à Pigault la bagatelle qu'il nous a prêtée, et avec le reste nous l'éblouissons de fêtes et de plaisirs pendant quarante-huit heures.

— Et si nous perdons ?

— C'est impossible... cela ne se peut pas, vois-tu... prudemment... et puis, si cela arrivait, je mettrais la maison sens dessus dessous... Puisque tu veux des raisons, on t'en donne.

La discussion en était là lorsque Pigault arriva chez les deux amis.

— Eh bien ! que faisons-nous aujourd'hui ? Tâchons de bien employer la journée, car je pense partir demain.

— Mon cher Pigault, dit le premier interlocuteur,

il y a assez longtemps que tu payes, c'est à notre tour maintenant. Permets-nous donc de nous charger de tes plaisirs jusqu'au départ, mais rends-nous d'abord le service de nous prêter une vingtaine de louis que nous te rendrons demain.

— Ah ! mes gaillards, il vous arrive des fonds ! je vous en fais mon compliment.

— Et tu nous resteras un jour de plus, c'est une revanche qu'on te demande.

— Allons, si vous le voulez absolument, un jour encore à l'amitié, ensuite le reste aux amours.

— Nous allons nous amuser en gens qui veulent rentrer dans le chemin de la sagesse, reprit celui qui avait trouvé ce bel expédient, après que Pigault, leur eut remis à chacun la somme convenue ; nous passerons la journée avec des femmes charmantes... toutes femmes comme il faut : on n'en reçoit pas d'autres chez madame Lafont.

— Des femmes comme il faut, interrompit Pigault, c'est un peu sévère pour un dernier jour de folie.

— Oh ! ne t'effraye pas comme cela ! on te fera faire connaissance ; tu verras d'abord la petite baronne Berthinet, jolie femme, gaie, stimulante... un peu mûre ; mais, ma foi, on n'a pas tous les jours sous la main des baronnes de dix-huit ans... Et puis nous aurons madame Baudin, la duègne de la troupe, et sa fille Esther, blonde langoureuse et charmante... On dit qu'elle va se marier au premier comique, bon enfant du reste, et qui aime trop à rendre service pour s'aviser de voir trop clair.

— Diable ! mon ami ! il paraît que tu connais la place.

— Et c'est pour cela que je te promets une journée délicieuse, et une nuit... Mais je n'en veux pas parler de la nuit, à peine en aurais-je le temps d'ailleurs, car voici le moment de se présenter.

Les trois amis se dirigèrent alors vers une maison d'assez médiocre apparence située dans le voisinage des remparts ; une vieille femme décrépite vint leur ouvrir en se confondant en salutations, et bientôt ils furent introduits dans un appartement dont le modeste aspect ne s'accordait guère avec la vie de cocagne dont on avait fait entrevoir les joies à Pigault. La maîtresse de la maison ne tarda pas à paraître : c'était une grande femme sèche, à la figure bohémienne, à la peau noire, aux yeux ardents, à la voix mâle et assurée.

— Charmante personne! dit tout bas Pigault : c'est grand dommage que l'on ait licencié notre belle gendarmerie d'élite.

— Ne va pas te faire une affaire avec la dame, lui répondit son ami, tu aurais affaire à forte partie.

Puis, s'adressant à la donna :

— Belle dame, dit-il, permettez-moi de vous présenter un de mes bien bons amis, un ancien camarade de service, brave, galant, et beau joueur par-dessus tout. Aurons-nous du monde aujourd'hui?

— Chambrée complète, monsieur Bernié : d'abord le petit capitaine, qui s'est fait prêter trois cents louis par son homme d'affaires.

— Voilà trois cents louis bien aventurés avec une tête aussi folle... et puis?

— Et puis ceux que vous savez, et de plus la petite Laure ; elle fait sa rentrée dans le monde après un veuvage de trois mois... toujours la même ; sensible, tendre, le cœur sur la main.

Pendant ce colloque, plusieurs personnages étaient arrivés successivement, et l'assemblée était déjà nombreuse, lorsque l'on vint annoncer que le dîner était servi. Jusque-là Pigault n'avait rien remarqué qui justifiât les éloges que son ami avait donnés à cette réunion; madame Lafont eut soin de le placer à table entre la petite baronne aux yeux agaçants et la langoureuse Esther : en connaisseur émérite, le nouveau convive ne tarda pas à trouver le voisinage de son goût. Le premier service se passa assez bien, chacun s'occupait d'abord de satisfaire le premier appétit, et la conversation demeurait assez insignifiante ; au second elle devint plus intime ; au dessert la blonde Esther commençait à soupirer tendrement, l'impatiente baronne pressait vivement le pied de son voisin, et tout enfin promettait une soirée amusante, lorsqu'on se leva brusquement de table pour passer au salon.

Les tables de jeu étaient dressées déjà, et en un instant les diverses parties se lièrent. Bernié, ce brave garçon qui se croyait si assuré de tripler l'argent qu'il avait emprunté avec tant de confiance à Pigault, fut la première victime qu'immola la fortune ; il devint furieux en voyant s'évanouir sur le tapis vert son dernier espoir avec son dernier écu, et peu s'en fallut qu'il ne tînt parole en jetant la maison par les fenêtres. On eut grand'peine à le calmer en lui faisant remarquer que la fortune dont il avait tant à se plaindre traitait son ami le nouveau venu en enfant gâté.

Déjà en effet, depuis un quart d'heure, le petit capitaine avait perdu contre cet heureux champion le dernier de ses trois cents louis ; plusieurs autres des convives de madame Lafont avaient subi une aussi funeste chance, et Pigault, impassible autant qu'étonné du hasard constant qui le favorisait, avait un monceau d'or devant lui. C'était à qui, de la petite baronne ou de la belle Esther, lui donnerait des conseils : quant au premier comique, l'heureux futur de la donzelle, il se contentait de suivre des yeux sa belle, et de lui faire quelques-uns de ces signes télégraphiques que l'ingénuité de province comprend presque toujours fort bien.

Peu à peu cependant tous les hommes de la réunion avaient disparu ; il ne resta bientôt plus que Pigault et ses deux amis au milieu d'un essaim de beautés, plus ou moins piquantes, mais toutes également disposées à ne pas tenir rigueur à celui qu'avait si favorablement traité la Fortune. Pigault, en homme de goût, ne devait pas faire attendre son choix; la petite baronne lui plaisait assurément, mais il se rappelait la plaisanterie de son ami sur la maturité de la jolie dame, et comme en pareil cas un sage aime toujours à manger son blé en herbe, ce fut à le tendre et fraîche Esther qu'il dut adresser son hommage.

— Eh bien ! est-ce que nous ne soupons pas ? dit un des officiers.

— Plutôt deux fois qu'une, mon ami, répliqua Pigault, avec l'agrément de ces dames, bien entendu.

Un murmure flatteur accueillit la proposition; madame Lafont s'absenta quelques instants pour donner des ordres, et pendant ce temps la conversation, pour être nulle, n'en fut pas moins intéressante entre les trois couples. Pigault s'était rapproché d'Esther, un des officiers serrait de près la petite baronne; il ne restait au dernier que madame Baudin la respectable duègne, mais c'était un garçon de courage, il prit bravement son parti, et attaqua résolument cette place démantelée.

La table fut bientôt couverte d'un ambigu assez modeste; mais si le nombre et le choix des mets laissait à désirer quelque chose, la quantité des bouteilles, en revanche, et leur aspect vénérable étaient de nature à consoler les trois amis.

Déjà depuis longtemps on avait cessé de faire honneur au souper, les têtes devenaient lourdes et les verres se remplissaient plus lentement, lorsque l'un des officiers proposa un punch, qui fut joyeusement accepté. Bientôt le liquide s'enflamma aux acclamations de ces dames, qui retrouvèrent du babil pour en saluer la flamme vacillante et provocatrice.

Le punch était détestable, chacun le trouva excellent : cela devait être, et déjà deux fois on en avait renouvelé la flamme, lorsque la petite baronne s'avisa de demander s'il n'était pas bientôt minuit. Pigault tira sa montre et annonça gravement que trois heures allaient sonner.

— Ah ! grand Dieu ! s'écria la mère d'Esther, nous ne pourrons plus rentrer chez nous.

— Et moi, répliqua la baronne, croyez-vous que je veuille faire éveiller mes gens à cette heure ?

Or, la domesticité de madame la baronne se composait d'une vieille servante paralytique; aussi l'assurance avec laquelle elle prononça ces paroles fit-elle malicieusememt sourire les deux dames.

— Eh bien ! dit un des officiers nous resterons à table jusqu'au jour.

— Je le voudrais, répondit Pigault, qui espérait un dénouement plus satisfaisant; mais je sens que cela me serait impossible. Je pars demain, et j'ai vraiment besoin de repos.

— Au diable la cérémonie ! s'écria le second officier ; est-ce que nous ne sommes pas tous des amis de la maison ? Voyons, mon ange, ajouta-t-il en s'adressant à madame Lafont il ne nous faut que trois lits, et vous avez trop de charité pour nous refuser cette grâce.

Malheureusement Pigault, qui dans ce moment s'essayait à mimer avec la blonde Esther une scène de pantomime assez expressive, négligea d'appuyer de quelques louis la proposition de son ami : madame Lafont répondit donc que ces dames savaient combien elle s'estimerait heureuse de mettre toute sa maison à leur disposition, mais qu'elle tenait trop aux convenances pour souffrir que ces messieurs passassent la nuit entière sous son toit hospitalier.

— Voilà parbleu un plaisant scrupule ! Les convenances !... respectez donc les convenances dans un tripot !

— Vous êtes un insolent ! s'écria madame Lafont.

— Un insolent ! oui ! je vais l'être, et le verre de

punch qu'il portait à ses lèvres illumine le visage de l'hôtesse récalcitrante. Celle-ci s'élance aussitôt vers son antagoniste pour lui sauter au visage ; et dans la rapidité de son mouvement elle renverse le punch. Le liquide enflammé coule sur le parquet et communique rapidement le feu aux robes légères des dames, qui poussent des cris de douleur et d'effroi. Les trois amis volent à leur secours et travaillent si activement à arrêter les progrès de l'incendie, qu'en un moment robes et fichus volent en lambeaux ; l'incendie s'éteint, mais ces trois dames se trouvent nues comme la main.

— Ah ! c'est affreux ! c'est horrible ! s'écria la mère d'Esther.

— Quelle honte ! disait la baronne.

Quant à Esther, elle ne cessait de crier malgré tous les efforts de Pigault pour calmer sa douleur.

— Allons, ma belle, rassurez-vous, le mal n'est pas irréparable, disait-il ; puis, la prenant dans ses bras et s'adressant à l'hôtesse :

— Soyez assez bonne, je vous prie, pour m'indiquer la chambre que vous destinez à cette charmante demoiselle.

Et comme cette fois la demande était appuyée d'une apostille confortable, la respectable hôtesse chez qui l'effroi avait succédé à la colère, se rendit à ses vœux, et les deux autres couples, profitant de son absence, se hâtèrent de chercher un gîte, que leur connaissance précise des ressources de la maison devait leur faire trouver aisément.

Déjà depuis longtemps la blonde Esther ne criait plus lorsque Pigault s'endormit ; et le soleil frappait depuis plusieurs heures ses rideaux lorsqu'il s'éveilla. Sa surprise fut d'abord grande de se trouver seul dans son lit ; c'était le moindre de ces soucis cependant ; car il avait besoin de repos. Il veut savoir l'heure qu'il est et ne peu trouver sa montre, dont la disparition l'émeut un peu plus que celle de la tendre Esther. Il s'élance du lit, fouille dans toutes ses poches... sa bourse ! cette bourse ! d'un embonpoint si satisfaisant a disparu aussi ! il n'y a plus à en douter, elle a suivi le même chemin que la montre et la belle ingénue.

L'aventure était trop piquante ; Pigault furieux fait bientôt retentir de ses imprécations la maison qu'il parcourt en tous sens. En un instant tout le monde est sur pied; les deux officiers parlent d'aller informer la justice, de faire venir la garde. Madame Lafont jure ses grands dieux qu'elle ignore ce qu'est devenue Esther; la mère pleure, et la baronne se trouve mal. Les trois amis sortent enfin ; on cherche, on s'informe, et l'on apprend que depuis quatre heures Esther et son amant, le premier comique, ont pris le chemin de la frontière. Les amis de Pigault jurent, tempêtent, se désolent ; mais le mal est sans remède. Il le reconnaît, lui, les rassure, et se console promptement.

J'en serai quitte pour aller un peu plus tard en Hollande, dit-il ; pour le moment il s'agit de vivre... Parbleu ! puisque ce diable de comédien m'a volé ma bourse, j'ai bonne envie de prendre sa place. Le directeur va se trouver dans un bizarre embarras ; j'ai la mémoire facile... C'est décidé, je serai comédien.

Le directeur était par hasard un homme de sens et de goût ; il accueillit avec joie la proposition de Pigault, et l'on décida qu'avant trois jours le néophyte malgré lui débuterait sous le nom de M. Legris.

VII

LA VIE D'ARTISTE

Rien peut-il demeurer secret dans une ville de province ? Tant de petites passions, de rivalités taquines, d'amours-propres désappointés, de désœuvrements curieux, s'y trouvent incessamment en contact !

L'aventure de Pigault s'était bien vite ébruitée ; aussi y avait-il foule au théâtre le jour de son début. Ses amis avaient recruté de toutes parts pour lui composer un parterre sur l'indulgence duquel il pût compter, et, de son propre témoignage, jamais, dans tout le cours de sa carrière dramatique, il ne fut applaudi avec autant de chaleur que ce jour-là. Il s'en fallut de beaucoup cependant qu'il se montrât bon comédien ; il ne manquait ni d'aplomb, ni de finesse, ni de verve ; mais que d'imperfections à côté de ces précieuses qualités ; une physionomie peu mobile, un organe rétif, de la raideur dans la tournure et dans le jeu ; Pigault, décidément, avait pour le théâtre une vocation malheureuse ; cela n'empêcha pas le directeur de faire recette pendant huit jours avec ses débuts. Cette lune de miel passée, il est vrai, l'entraînement fit place à la sévérité, et d'aigres sifflets vinrent trop souvent l'avertir qu'il ne suffit pas de se dire : Je serai comédien, pour le devenir aux yeux du public.

Mais si Pigault était peu aimé du parterre, il était en revanche chéri de ses camarades. Sa gaieté inépuisable et pleine d'originalité le faisait rechercher à l'envi, et, dans la troupe comique, comme jadis dans la garnison, il se vit bientôt l'âme de toutes les parties, l'arbitre de tous les plaisirs.

Le souvenir d'Eugénie occupait incessamment son esprit; cependant il attendait avec impatience l'heureux moment où il lui serait permis de se réunir à elle. La philosophie toutefois lui conseillait de ne pas se refuser à des distractions que sa jeunesse lui rendait nécessaires, et, à cet égard, il en faut convenir, il ne se montrait jamais rebelle aux consolations d'une indulgente philosophie.

La femme du directeur, petite brune jolie, tendre et vive à la fois, avait, dès les premiers jours, pris en pitié l'air de tristesse et de mélancolie qui, à vrai dire, allait assez mal à la physionomie franche et ouverte de Pigault ; elle avait résolu tout d'abord de connaître le secret qui l'affligeait, et de s'attacher à le consoler. La chose, au reste, était facile : le directeur, son honorable époux, était une bonne pâte d'homme, de cette race de maris jaloux et crédules à la fois, qu'il devrait y avoir conscience à tromper. Bon camarade, du reste ; franc, loyal, obligeant à l'excès, triple qualité à laquelle il devait d'être assez mal dans ses affaires et de s'en inquiéter fort peu. Sa femme aurait pu certainement améliorer en mainte occasion sa situation financière ; mais il avait des principes arrêtés sur la théorie conjugale ; bon gré, mal gré, sa femme devait être une Lucrèce, et la pauvre petite se résignait, sinon à imiter la farouche Romaine, à paraître du moins sévère, cruelle même aux yeux de son barbare mari.

Pigault avait d'abord résisté aux agaceries de la jeune femme ; il se faisait scrupule de tromper un excellent homme si cordialement venu à son aise, et qui continuait à le soutenir en dépit de son peu de talent et de la taquinerie du public : sa vertu cependant n'était pas d'une trempe si forte qu'elle ne dût enfin succomber. Pigault toutefois y mit des formes, tout en étant plus aimable avec la femme il se montra plus dévoué que jamais envers le mari, s'efforça d'être moins mauvais en face du parterre, et devint surtout moins pressant sur le chapitre des appointements arriérés.

La troupe de Lille desservait à la fois le théâtre de cette ville et ceux du voisinage, Arras, Douai, etc. Le directeur cumulard se trouvait donc dans la nécessité de faire de fréquents voyages, qui, bien que de peu de durée, étaient bravement mis à profit par l'heureux débutant et son égrillarde conquête. Un matin, après une absence de vingt-quatre heures, le directeur arriva chez lui plus tôt qu'on ne l'y attendait. La recette avait été bonne d'aventure, et il accourait, plein d'impatience et de joie, en apporter la nouvelle et le fruit à sa vertueuse moitié. Il frappe, on ne répond pas ; il frappe plus fort, la porte s'ouvre, et le pauvre mari reste d'abord frappé de stupeur en voyant devant lui Pigault en chemise et en caleçon.

— Malheureux ! c'est donc ainsi que l'on me trompe, qu'on m'assassine, qu'on me trahit ! vous allez payer cher...

Pigault ne perd pas contenance : il connaissait la crédulité du mari, et ne désespérait pas de le convaincre de son innocence.

— Parbleu ! je vous admire, mon cher directeur ; il serait plaisant que, pour prix de mon zèle, je fusse forcé de me couper la gorge avec vous !... Savez-vous bien, monsieur, que depuis deux heures je sue sang eau pour votre service ?

— L'infâme !... il raille encore après m'avoir déshonoré !...

— Je ne raille nullement, monsieur, je dis qu'il est odieux de venir me chercher une querelle d'Allemand au moment même où je viens de vous donner une preuve d'affection, de dévouement... Savez-vous bien que j'ai travaillé toute la nuit, monsieur... que je me suis exténué pour vous !...

— Trêve à vos plates plaisanteries, monsieur !

— Ma foi, il n'y a pire sourd que celui qui ne veut pas entendre, et nous nous battrons quand vous voudrez, puisque vous ne voulez pas laisser à un honnête homme le moyen de se justifier.

— A l'instant, monsieur, marchons...

— Non pas ! non pas ! je me battrai qu'après la représentation de la pièce nouvelle. Diable ! je ne prétends pas m'être donné tant de mal pour rien. Si j'ai fait un tour de force pour me bien pénétrer de mon rôle, il faut du moins qu'à défaut de votre reconnaissance, le public me paye mes peines en applaudissant. Oui, monsieur, pour apprendre le *Cocu imaginaire* que vous montez, j'ai perdu le sommeil, j'ai travaillé, cherché, trouvé, répété et *rerépété* toute la nuit. Au point du jour, hors de moi, ravi d'avoir enfin trouvé un rôle à ma taille, j'accours ici pour vous prier de m'entendre, et d'achever par vos conseils, un triomphe qui m'avait tant coûté ; j'apprends que vous êtes absent, et je regrette vivement d'avoir troublé le sommeil de madame, mais je ne puis résister au désir de la faire juge de mon travail, de mes progrès ; je la prie de me donner les répliques...

— Et c'est pour cela que je vous trouve en caleçon ?

— Oui, monsieur... pour cela... madame eut l'obligeance de m'entendre ; elle cédait à l'importunité sans doute, mais elle me fit bientôt voir que ma tâche n'était pas si facile... Elle m'encourageait mais elle me fit recommencer dix fois la même tirade ; j'étais en eau... Charitable autant que belle, elle m'engagea à passer dans votre cabinet où je pourrais changer de linge, j'y courais, plein de reconnaissance et d'empressement, lorsque vous êtes arrivé.

Cette fable était ridicule sans doute, mais pour la première fois Pigault se montrait bon comédien en la débitant. La jeune femme, qui n'avait perdu ni une parole, ni un moment, s'était habillée à la hâte, avait jeté les habits de Pigault dans le cabinet de son mari, et parut bientôt tenant à la main le rôle que, sur son indication, elle avait trouvé dans sa poche.

— Mon Dieu ! mon ami, dit-elle avec cet accent de bonne foi qui sied si bien à la ruse féminine ; mon Dieu ! que signifie tout ce bruit?

Ce calme, cette assurance achevèrent de désarmer le directeur : il commença d'abord à douter, bientôt il hésita, puis parut tout honteux de l'éclat qu'il venait de faire.

— Allons, pas de rancune, mon ami, dit-il en tendant la main à Pigault : peut-être me suis-je trop vivement laissé aller à juger sur les apparences ; convenez cependant qu'elles étaient de nature à ne pas souffrir de longues explications.

— Mon Dieu, je conviendrai de tout ce que vous voudrez ; mais de grâce, une autre fois, ne soyez pas si prompt à demander la mort des gens.

— Habillez-vous, mon ami, et allez prendre du repos. Il est bien d'avoir du zèle, mais enfin il ne faut pas se tuer, et je remarque effectivement que vous êtes changé depuis quelque temps

Pigault ne se fit pas prier, et se hâta de rentrer chez lui, ravi du dénouement de l'aventure : elle ne devait pas en rester là cependant. Ce jour-là même, le directeur dînait chez un des plus riches négociants de la ville; plusieurs de ses pensionnaires étaient de la fête : au dessert on parla du théâtre, des acteurs, du public, qui devenait plus exigeant chaque jour. — Eh ! messieurs, s'écria le directeur, est-il donc quelque difficulté que ne puisse surmonter l'amour de l'art? N'avez-vous pas un exemple sous les yeux de ce que peuvent la vocation, le travail... Ce brave Pigault, il a encore passé la nuit dernière à...

— Je ne sais pas à quoi il l'a passée, interrompit un des convives, je ne sais pas où davantage, mais à coup sûr ce n'est pas chez lui.

— Il n'a pas passé la nuit chez lui ! reprit le directeur en fronçant le sourcil, et comment le savez-vous ?

— Comment ne le saurais-je pas plutôt ? La chambre que j'occupe est si voisine de la sienne que le moindre bruit ne peut se faire dans l'une sans qu'on l'entende dans l'autre. Dieu sait les secrets que trahit d'ordinaire la plus indiscrète des cloisons ; mais hier, et je puis vous l'assurer, votre grand travailleur est sorti de chez lui une heure après le spectacle, et il n'est rentré ce matin que pour répondre à l'appel de la cloche du déjeuner.

Le directeur pâlit, et, sans plus ample information se hâta de quitter la table pour courir après Pigault ; il le rencontra bientôt au foyer du théâtre :

— Monsieur, dit-il en se donnant l'air crâne et corroucé d'un mari convaincu, je cesse de ce moment d'être votre dupe, je sais à quoi m'en tenir désormais... Vous n'avez pas passé la nuit chez vous !

— Le reproche est au moins bizarre, y aurait-il dans mon engagement, monsieur, une clause qui m'obligeât à passer la nuit dans mon lit ?

— Vos plaisanteries sont aussi sottes que votre conduite, et vous me rendrez raison...

Dès les premiers mots de l'explication, un cercle de curieux s'était assemblé autour des deux champions.

— Je suis désespéré, mon cher directeur, disait Pigault, de vous voir dans de si mauvaises dispositions ; vous avez tort, d'honneur... De ce que vous avez peine à nourrir vos pensionnaires, s'ensuit-il que vous deviez prendre le parti de les tuer ?

— Eh ! ne m'avez-vous pas fait le plus cruel outrage ?

— Raisonnons : vous êtes furieux, et je suis calme ;

vous m'accusez, et moi je nie ; les chances, les probabilités sont pour moi ; vous prétendez que je vous ai fait... un outrage, eh bien, quand je vous aurai blessé en serez-vous moins... outragé, ou plus content ?

A ces mots l'hilarité de l'assemblée, en redoublant la colère de l'infortuné mari, rendit tout accommodement impossible. Le directeur insiste pour obtenir satisfaction à l'instant même.

— Dépêchons-nous, messieurs, disait de son côté Pigault ; croisons au besoin le fer d'Achille contre celui de Thésée ; je joue dans la seconde pièce, et c'est assez de tuer monsieur, sans faire manquer la recette.

Ils sortirent aussitôt ; arrivés au détour d'une petite rue déserte, ils mirent bravement l'épée à la main ; tout l'avantage du combat, éclairé seulement par la lumière vacillante et douteuse d'une lanterne, était effectivement pour le jeune Pigault ; il ne put se résoudre cependant à en profiter contre un homme envers qui il avait des torts trop réels : au bout de quelques minutes, Pigault, qui se défendait mal, fut légèrement atteint à l'avant-bras.

— Preuve nouvelle que vous avez tort, dit-il avec un imperturbable sang-froid : si votre femme eût été réellement ma maîtresse, je vous aurais tué sans pitié.

Ces paroles dans un pareil moment, et l'approbation que leur donnèrent à la fois les témoins, furent plus puissantes que la jalousie du mari et que les preuves trop péremptoires de son infortune : plus que jamais l'heureux vainqueur crut à la fidélité de sa femme, et ce fut avec un accent mêlé de repentir et de joie qu'il demanda pardon à la victime de ses injustes soupçons.

La scène du foyer s'était ébruitée cependant ; les suites en furent bientôt connues du public, et le comique succès de Pigault devint durant l'entr'acte le sujet de toutes les conversations ; aussi lorsque dans la seconde pièce, où il remplissait un rôle plus que secondaire, Pigault parut avec le bras en écharpe, d'unanimes applaudissements l'accueillirent. Etonné d'abord, troublé bientôt, le pauvre acteur, plus habitué à l'aigre son des sifflets qu'à l'enivrant concert des bravos, s'approche modestement de la rampe, et s'adressant au public du ton d'une comique hésitation :

— Messieurs, dit-il, est-ce pour tout de bon cette fois?

Un tonnerre d'applaudissements répondit à cette question bizarre, et, à compter de ce jour, on cessa de siffler Pigault.

Tandis qu'ainsi se succédaient les jours au milieu des plaisirs, des tribulations, des ennuis, des joies, des travaux de la vie comique, la colère de son père était loin de se calmer. Catherine avait parlé, et, bien qu'elle n'eût pas tout dit, on savait que le fugitif avait passé dans la maison paternelle la nuit pendant laquelle le vol avait été commis. A force de recherches, le père furieux finit par découvrir que son fils s'était fait comédien, et cette découverte n'était pas de nature à le mieux disposer en sa faveur. Il sentit toutefois que la violence ne réussirait pas à le ramener à lui, et résolut d'essayer de la persuasion, sauf à en revenir aux moyens correctifs si sa tentative était vaine.

Pigault assez content de la vie qu'il menait, ne songeait pas à quitter sa nouvelle carrière ; son seul désir était de réunir assez d'argent pour se rendre en Hollande : il ne doutait pas que la main d'Eugénie lui fût accordé par sa mère, et se croyait sûr que ni l'une ni l'autre ne blâmeraient le parti que la nécessité l'avait forcé de prendre. Il attendait donc avec impatience, mais plein d'espoir en l'avenir, lorsqu'il reçut du gouverneur de la ville l'invitation de passer chez lui.

— Votre nom, lui dit-il, n'est pas Legris ?

— Il est vrai, répondit Pigault, ce nom n'est pas précisément le mien ; mais, comme des goûts, il faut peu disputer des couleurs, et la variante que je me suis permise est d'une bien petite importance.

— Mon cher monsieur, vous avez fait des folies, mais votre père est indulgent, il est prêt à tout oublier si vous consentez à renoncer à la profession de comédien et à retourner près de lui. Ce qu'il demande, il pourrait l'exiger, vous ne l'ignorez pas ; l'autorité le seconderait s'il adressait à elle ; mais il aime mieux s'adresser à votre raison, à votre cœur, que d'avoir recours à l'appui des lois... Il vous fera une pension convenable... Il vous achètera une charge... Il est bien entendu que vous oublierez comme lui tout le passé, et que vous bannirez de votre mémoire le souvenir de cette aventurière, cause unique de vos malheurs.

En entendant ces dernières paroles, Pigault sentit son visage s'enflammer, et ce ne fut pas sans un violent effort sur lui-même qu'il parvint à se contenir. Il sentit cependant que la résistance le perdrait, tandis que la ruse le laisserait maître de se déterminer et d'agir. Le gouverneur avait parlé de l'autorité, disposée à soutenir les prétendus droits de son père sur sa personne.

— Monsieur, lui dit-il d'un air calme et presque touché, je suis fort reconnaissant du bienveillant intérêt que vous daignez prendre à moi. Il y aurait ingratitude et folie à se refuser aux désirs d'un père qui se contente d'imposer les plus favorables conditions, lorsque jusqu'à ce jour il n'a dicté que des ordres sévères. Veuillez bien considérer cependant qu'en quittant mes camarades en ce moment, je me rendrais coupable d'une véritable ingratitude. Mes camarades et leur directeur m'ont accueilli en frère dans un moment difficile; leurs affaires sont loin d'être dans un état prospère, et, malgré le peu que je vaux, je les mettrais dans le plus cruel embarras en les quittant avant la clôture de l'année théâtrale. Que je parte, on ferme le théâtre, et le reste de l'année se passera pour eux dans la misère. Permettez qu'en reconnaissance des services qu'ils m'ont rendus, je leur sacrifie ces quinze derniers jours ; je serai ensuite à vos ordres, monsieur, comme à ceux de mon respectable père.

Le gouverneur, d'après ce qu'il savait du jeune homme, était loin de s'attendre à une aussi grande docilité ; il loua fort les sentiments généreux de Pigault, l'assura qu'il était impossible de ne pas faire droit à une demande juste et qui faisait honneur à ses sentiments, et lui permit enfin de continuer à jouer jusqu'à la clôture. Pigault courut donc aussitôt chez le directeur pour l'instruire du résultat de cette entrevue, qui lui avait d'abord causé tant d'effroi.

— Au nom du ciel, ne m'abandonnez pas, lui dit-il je renoncerais plutôt à la vie qu'à celle que j'aime ; j'ai déjà fait quelques économies, tâchez de me payer l'arriéré, et je serai en état de partir.

— Je ne le puis en ce moment, mon ami, mais il nous reste quinze jours, où nous allons exploiter à la fois Arras, Douai et le voisinage. On vous connaît et l'on vous aime ; j'annoncerai la dernière représentation à votre bénéfice, et il n'est pas douteux que vous soyez en état de partir.

Il fallait obéir à la nécessité, malgré le désir qu'avait Pigault de se soustraire dès ce moment aux poursuites de son père.

Le jour de la clôture vint enfin ; la salle était comble, la recette admirable, et le gouverneur lui-même avait voulu assister à la représentation ; il avait toutefois fait préparer une chaise de poste, afin qu'aussitôt après la pièce, Pigault fut forcé de partir pour Calais.

Cette tout aimable précaution devait demeurer inutile : Pigault, de son côté, se faisait en effet attendre par une berline qui devait le conduire au delà de la frontière; et le rideau n'était pas encore baissé, que, muni de sa recette, il courait sur la route de Hollande, tandis que le gouverneur le faisait chercher par la ville, dont les portes se fermaient trop tard.

VIII

L'ÉVÊQUE DE LIÉGE

Pigault eut bientôt oublié ses longs ennuis, ses courtes joies, ses amis de rencontre et ses maîtresses d'un jour; il venait de retrouver son Eugénie, toujours jolie et toujours tendre; Eugénie dont le cœur n'avait pas cessé de battre pour lui.

Madame Salens était une femme de mœurs austères, mais elle aussi avait été jolie, et il était impossible qu'elle ne compatît pas à un amour qui ne pouvait manquer de réveiller en elle quelque tendre et doux souvenir. Elle tenta d'abord cependant de faire renoncer le jeune homme aux desseins qu'il avait conçus.

— Je ne vous parlerai pas de vos torts, disait-elle, je sais que vous les avez cruellement expiés; mais pourquoi venir de nouveau troubler la paix de notre solitude? Voulez-vous nous contraindre à fuir une seconde fois?

— Et pourquoi fuiriez-vous, grand Dieu! qu'avez-vous à craindre de mon amour épuré par le malheur? Nous sommes ici sur les terres de la liberté, et nos fortunes sont égales. Grâce au ciel, je me suis créé un état qui me permet de n'avoir recours à personne désormais; je puis vivre indépendant, sans être forcé par le besoin de retourner en France; et pas un directeur de théâtre dans toute la Flandre, dans le Brabant et le pays de Liège ne refusera de me recevoir et de m'assurer le repos.

— Vous vous êtes fait comédien?

— J'aurais tremblé de faire cet aveu à quelqu'un de moins éclairé; mais je suis persuadé que vous, madame, vous approuverez la résolution que j'ai prise de faire moi-même mon avenir et de ne compter que sur mon travail et mon faible talent... rien ne me sera impossible lorsque le bonheur d'Eugénie me sera confié.

Madame Salens, vivement émue, hésitait à répondre, lorsque sa fille l'étreignant tendrement acheva par ses larmes, plus éloquentes que toutes les prières, de vaincre un reste de résistance.

— Soyez donc heureux, mes enfants, dit-elle; Charles, je vous donne aujourd'hui ce que j'ai de plus cher au monde; fasse le ciel que je n'aie jamais à me repentir de n'avoir pas lutté plus longtemps contre la destinée!

Le jeune homme essaya de répondre, mais l'excès du bonheur le laissa sans paroles. Ce jour fut tout entier à la joie, à l'espérance; les tendres amants faisaient des projets, des plans d'avenir; tout désormais semblait possible; la vie pour eux allait être une éternité de plaisirs. Mais il fallait aussi s'occuper du présent; Pigault insistait pour que la cérémonie se fît sur-le-champ; madame Salens exigea qu'il fît une dernière tentative pour se réconcilier avec son père. Il écrivit donc à Calais, et demanda humblement pardon à l'auteur de ses jours d'avoir résisté à sa volonté, et de n'avoir pas eu le courage de lui sacrifier le bonheur de sa vie; il le suppliait de vouloir bien consentir à son mariage avec Eugénie, lui promettant d'obéir désormais aveuglément à toutes ses volontés; il sollicitait enfin une prompte réponse et l'envoi de quelques papiers qui lui étaient nécessaires.

Un mois entier s'écoula ; Pigault séchait d'impatience, Eugénie soupirait aussi, et madame Salens augmentait encore le chagrin des jeunes gens en parlant avec amertume de ce silence qui l'humiliait. Enfin on reçut une lettre de Calais, elle était du président Behague, alors maire de cette ville et commençait ainsi :

« Je ne sais, monsieur, si le nom que vous prenez vous appartient ; mais ce qui est certain, ce qui est constaté par un décret que j'ai rendu à la sollicitation de l'honorable magistrat dont vous prétendez être le fils, c'est que ce fils est mort depuis deux ans. Si donc il vous prenait fantaisie de venir en France, je vous conseille de ne pas oublier que la loi punit sévèrement les imposteurs. Vous trouverez ici un extrait du décret constatant la mort du jeune Pigault (Charles). »

Pouvait-il en croire ses yeux ?

— Ainsi donc, s'écria-t-il, ils veulent m'ôter jusqu'à mon nom ? Ils ne peuvent plus me priver de la liberté et ils me rayent de la liste des vivants !... Oh ! cela est trop fort, et je démasquerai le fourbe... nous verrons ce que le parlement de Paris pensera de ce décret de maître Behague... L'infâme !... il n'hésite pas à commettre un crime pour satisfaire l'aveugle erreur d'un vieillard !... Vous le voyez, ajouta-t-il en remettant la lettre à Eugénie et à sa mère, je n'ai plus de famille, plus de nom, plus de patrimoine à espérer... me rendrez-vous tout ce que je perds, madame ? consentirez-vous à me nommer votre fils ?

— Mon Dieu ! ayez pitié de moi ! s'écria Eugénie en se jetant dans les bras de sa mère.

— Calme-toi, mon enfant... Charles, votre nouvelle famille tâchera de vous consoler de l'injustice de votre père.

Ces paroles suffirent pour dissiper tant d'inquiétudes et de douleurs; la joie ne tarda pas à reparaître sur le visage des amants, et elle devint encore plus vive quand madame Salens leur annonça qu'elle avait déjà parlé du mariage projeté à un respectable prêtre catholique, qui n'avait fait aucune objection qui pût faire craindre le moindre obstacle. Enfin quelques jours après, les jeunes gens furent unis sans bruit, sans éclat, et ce fut dans la maison de leur tendre mère qu'ils passèrent la lune de miel.

Bien que Pigault fût le plus heureux des hommes, il n'avait pas renoncé au projet de revenir bientôt en France et de prendre à partie le juge prévaricateur qui avait servi d'instrument à la vengeance de son père; mais pour mettre un tel projet à exécution, il fallait une somme considérable, et sa petite fortune diminuait chaque jour. Il songea donc à trouver de l'emploi, et se rendit avec sa femme à Bruxelles pour y donner quelques représentations; de là il se rendit à Liège, où on lui donnait l'espérance d'un engagement avantageux.

Le jour même de son arrivée, il se rendit au théâtre pour y trouver le directeur. Une voiture élégante y arrivait en même temps que lui; une femme jeune et charmante en descendait; quelle ne fut pas la surprise de Pigault en reconnaissant dans cette brillante actrice la blonde, la sentimentale Esther!

— Ma foi, ma princesse, lui dit-il après l'avoir saluée avec tout le respect que commandait le luxe de son équipage, je suis ravi que le petit emprunt forcé que vous avez daigné me faire vous ait aussi bien profité. J'espère toutefois que vous voudrez bien m'accorder un moment d'audience afin de régler nos comptes.

La belle ingénue ne se déconcerta pas le moins du monde.

— Quoi ! mon cher, répondit-elle en souriant, vous êtes assez peu galant pour rappeler à une jolie femme une misérable dette de jeu !

— Le mot est joli, sur ma foi ! savez-vous cependant, ma chère, que les joueurs de votre espèce courent d'autres risques que celui d'être ruinés ?... Croyez-moi, ne me forcez pas à faire un éclat...

— Ah ! vous vous oubliez, Pigault, et vous mériteriez que je ne fisse rien pour vous ; vous devriez vraiment être plus respectueux pour la plus intime amie de monseigneur l'évêque de Liège.

— Diable ! vous avez quitté le jeu pour le clergé ?

— Je vous pardonne, mon ami, venez dans ma loge, et là nous causerons un peu de vos affaires.

Pigault se laissa conduire par Esther, qui, une fois chez elle, changea subitement de ton.

— Voyons, dit-elle, je suis bonne fille malgré ma nouvelle dignité, et je conviens franchement que tu peux me reprocher des torts... d'autant plus que vraiment j'avais donné de bon cœur ce que plus tard j'ai fait payer si cher.

— Mon Dieu, ne parlons plus de cela, répliqua Pigault presque fâché d'avoir entamé ce chapitre.

— Il me plaît d'en parler maintenant, j'ai eu de tes nouvelles par nos amis, tu joues la comédie : eh bien ! veux-tu ici un engagement convenable ?

— C'est ce désir et l'espérance de réussir qui m'amènent aujourd'hui.

— Bon ! j'en fais mon affaire : on te donnerait douze cents francs, je t'en ferai donner deux mille ; je vais envoyer chercher le directeur, car il faut terminer les affaires promptement quand je m'en mêle.

Le directeur, on comprend, n'avait rien à refuser à l'amie de l'évêque souverain ; un mot de la belle blonde eût suffi pour lui faire retirer son privilège et le ruiner ; aussi satisfit-il avec empressement à sa demande, et Pigault, dont les débuts furent assez bien accueillis, ne tarda pas à se trouver dans une position, sinon brillante, du moins passable.

Bientôt Eugénie lui donna un fils. Madame Salens était venue les retrouver, et leur modeste intérieur

Le comte de Préval était un de ces hommes que la débauche a vieillis avant l'âge (page 106).

présentait un modèle de ce bonheur que peut donner au sein de la plus modeste fortune une union basée sur l'estime, l'affection et l'amour. Pigault songea alors à tirer tout le parti possible des études de sa jeunesse ; il y avait beaucoup d'Anglais à Liège, il mit à profit la connaissance de leur langue, que son séjour à Londres lui avait rendue familière, et donna de nombreuses leçons ; à cette époque il traduisait en anglais le *Pygmalion* de Rousseau, et le joua lui-même à son bénéfice : la recette toutefois ne répondit pas à son travail et à son espérance ; la représentation avait lieu durant la saison des eaux, et une grande partie des Anglais se trouvait à Spa, où la nouvelle de cette bizarrerie théâtrale arriva trop tard pour qu'il pussent y assister.

Cet essai de sa vocation pour la littérature dramatique l'encouragea malgré le peu de fruit qu'il en avait tiré, et dès lors il s'occupa avec ardeur de la composition d'un drame dont il empruntait le sujet aux chroniques du pays de Liège. Bientôt cet ouvrage fut terminé ; mais le directeur, effrayé de l'esprit démocratique que Pigault y avait énergiquement répandu, se refusa à jouer ; quel désappointement pour un auteur à son début ! Pigault n'imagina rien de mieux pour rassurer la scrupuleuse conscience du directeur que d'envoyer le manuscrit de son ouvrage à l'évêque souverain lui-même.

La nouveauté du fait pouvait-elle manquer d'attirer l'attention du prélat? Il voulut lire la pièce lui-même, et dès la première scène il fut grandement scandalisé ; mais ce fut bien autre chose lorsque, arrivant au dernier acte, il y trouva des tirades à perdre haleine contre le despotisme, et l'insurrection proclamée non seulement comme le droit, mais comme le plus sacré devoir des peuples. Le saint homme devint furieux, et après avoir fait appeler Pigault :

— Qu'est-ce à dire, monsieur! s'écria-t-il ; voulez-vous donc, pour prix de l'hospitalité que je vous accorde, à vous et aux vôtres, pousser mes sujets à la révolte ?

— Monseigneur...

— Vous êtes un infâme ! un philosophe, un voltairien, un encyclopédiste !... répondez !... répondez !...

— J'avoue, monseigneur, que j'admire le génie de Voltaire, et que l'*Encyclopédie* est à mes yeux un des beaux monuments de l'esprit humain.

— Je l'avais deviné, malheureux ! vous voulez mettre mes États à feu et à sang... Savez-vous que je puis vous faire jeter dans un cul de basse-fosse... que je puis vous faire juger, condamner et pendre dans vingt-quatre heures ?

— Je pensais, monseigneur, que mes intentions ne pouvaient être suspectées, puisque j'avais moi-même soumis mon ouvrage à l'examen de Votre Grandeur.

— Votre ouvrage !..... votre ouvrage est un crime, monsieur !..... ce n'est qu'une longue et épouvantable diatribe contre le clergé, contre la noblesse, contre tout ce qu'il y a de saint et de sacré sur la terre ! ! ! mais je veux être indulgent, la vengeance sied mal à la force ; je me contente de vous faire jeter aujourd'hui même à la frontière avec votre famille et vos ouvrages.

Pigault voulut se justifier, mais le prélat lui imposa silence, et il allait donner l'ordre de l'emmener, lorsque la porte du cabinet s'ouvrit brusquement. Esther entra ; elle était venue au palais bien déterminée à enlever d'emblée ce jour même une riche parure que son saint protecteur lui faisait un peu attendre sous le prétexte que le trésor était vide. Elle attendait dans la pièce voisine que Sa Grandeur pût la recevoir ; mais, ennuyée d'être si longtemps seule, elle força la consigne sévère qui interdisait l'entrée du palais épiscopale, et entra résolument pour se plaindre de la longueur de l'audience, au moment même où le prélat prononçait son arrêt ;

elle reconnut en même temps le manuscrit du drame que Pigault lui avait lu, et dont il avait écrit un rôle pour elle ; aussitôt, sans plus penser au motif qui l'amenait, elle dit gravement :

— Monseigneur, je viens vous prier de me faire conduire à la frontière en même temps que ce brave jeune homme. Certes, je suis aussi coupable que lui, car c'est après m'avoir consultée qu'il a écrit son drame ; les passages que vous condamnez, c'est moi qui les lui ai indiqués...

— C'est mal, mon enfant... c'est très mal... mais nous prenons en considération votre jeunesse, votre inexpérience, et nous vous faisons grâce.

— Je vous jure, monseigneur, que si j'ai péché, c'est en toute connaissance de cause.

— Eh bien ! mon enfant, vous vous en confesserez, et nous vous donnerons l'absolution de nos propres mains.

— Non, monseigneur, je tiens trop à votre gloire, à votre haute renommée pour souffrir qu'il y soit porté atteinte à cause de moi, ce qui arriverait infailliblement si dans cette affaire vous aviez deux poids et deux mesures. Traitez-moi comme vous traiterez Pigault.

— Ma chère fille, laissez-nous...

— Eh bien ! je partirai avec lui... je...

— Calmez-vous, Esther... je ne veux pas que cette scène ait d'autre témoin que moi.

— Eh moi je ne veux pas me calmer... c'est affreux ! c'est horrible !... vous me ferez mourir de désespoir !...

Et la belle Esther, à ces mots, fit tout à fait mine de pleurer, de se frapper le visage, et poussa l'audace jusqu'à jeter au nez du prélat les bracelets qu'elle portait, et qui étaient un gage à la fois de sa tendresse et de sa munificence.

Le prélat avait grande envie de se fâcher ; mais

Esther était si jolie, elle lui était devenue si chère qu'il jugea convenable de capituler.

— Esther, ma chère enfant, dit-il avec onction, prenez garde à ce que je vous ai dit cent fois : *malheur à celui de qui vient le scandale !* vous savez que tous mes efforts tendent à vous faire rentrer dans la voie du salut.

— Non, non, je ne prends garde à rien... dans la colère, je me ris, comme d'autre chose de votre salut !

— Ma fille, vous blasphémez !

— Eh bien ! que la faute en retombe sur moi ; ce n'est pas votre âme sacrée qui en portera la peine.

— Pauvre petite ! dans quel état la voici !... Allons, allons, nous serons clément, Esther ; nous ferons grâce de la prison à votre protégé.

— Ça m'est égal ; je veux le suivre, moi !... Oui, je le suivrai... Charles, je vous suivrai jusqu'au bout du monde... qui est-ce qui peut m'en empêcher ? je suis libre, j'espère... Oh ! soyez tranquille, odieux prélat, je vous rendrai tout, tout... et votre rivière de diamants, et vos pendants d'oreilles, etc.

— Chut, chut !... décidément, ma fille, vous extravaguez...

— Et vos dentelles de Malines, et les voiles de point d'Angleterre.

— Esther ! Esther !

— Et votre carrosse, et vos chevaux, et vos grands laquais flamands... Tenez, je m'en moque comme de cela !

L'évêque ne savait à quel saint se vouer ; l'eau ruisselait sur son visage rubicond ; il eût volontiers donné une année de ses revenus pour pouvoir anéantir d'un mot cette intolérable affaire.

— Monsieur, dit-il à Pigault, qui était stupéfait de cette scène, eu égard à vos intentions, que nous voulons bien croire innocentes, nous vous permettons de continuer à résider dans nos États.

Pigault s'inclina respectueusement, et se disposait à sortir, très satisfait de s'en tirer ainsi, et persuadé que tout était fini ; mais ce n'était pas le compte d'Esther, qui recommença à trépigner de plus belle,

— Et la pièce, s'écria-t-elle, la pièce ! faudra-t-il que je l'aie fait faire pour rien à cet honnête homme? n'est-ce pas assez que je sois privée d'un bon rôle, et lui de la gloire que lui assurait son travail ?... Non, je ne le souffrirai pas ! j'en mourrais de honte... Décidément, j'aime mieux partir... Dépouiller un pauvre artiste de son bien, garder le produit de ses veilles et ne lui donner aucun dédommagement !... Oh ! je ne suis pas princesse souveraine, moi, mais j'ai des entrailles...

— Décidément, Esther, reprit l'évêque, vous perdez la raison.

— Mon Dieu ! je perds ce que je veux ; je le perds quand je veux et comme je veux, c'est mon affaire à moi, tous les évêques et souverains du monde n'ont rien à y voir... Charles, soyez tranquille, je vous indemniserai...

— Ecoutez-moi, ma chère enfant, dit l'évêque en lui prenant les mains, tâchez d'avoir un peu de raison pendant cinq minutes, et vous comprendrez que je ne puis laisser subsister un ouvrage subversif de l'ordre...

— Qui donc vous empêche de le garder, cet ouvrage ?... gardez-le, mettez-le dans votre bibliothèque, anéantissez-le, jetez-le au feu, vous en êtes bien le maître... c'est-à-dire vous en serez bien le maître quand vous l'aurez payé... qu'est-ce, après tout? une bagatelle, une misère.

— Esther, vous avez raison ; nous garderons ce drame comme une des plus grandes preuves de notre clémence et de la perversité du siècle, nous le payerons à son auteur... Votre manuscrit nous appartient, monsieur, allez dire à notre trésorier de vous compter deux mille écus... Et maintenant, ma fille, j'espère que vous êtes satisfaite?

Le prélat se trompait ; la circonstance était trop favorable pour que la jolie blonde lâchât prise avant d'avoir obtenu cette parure qu'elle désirait si fort : mais le reste de cette scène se passa à huis clos, Pigault s'étant empressé d'obéir au dernier ordre que venait de lui donner l'évêque souverain.

— Maintenant, mon ami, dit le lendemain Esther à Pigault, j'espère que tu me tiens quitte...

— Il y a plus, ma belle Esther, je suis prêt à me reconnaître ton débiteur. Le proverbe n'a pas tort : *Rien ne forme comme les voyages*, et je suis forcé de convenir que tu t'es singulièrement formée depuis notre première entrevue... Bonne chance, ma chère, une ingénue de vingt ans ne trouve pas tous les jours un prince souverain à ruiner, et j'ai grand'peur que cet éclair de fortune ne t'éblouisse au lieu de t'éclairer ; mais, quelque chose qui arrive, tant que Pigault vivra, il te restera un ami sur lequel tu pourras compter. Adieu !

— Comment, adieu ! est-ce que tu nous quittes ?

— Grâce à toi, mon bel ange, je me trouve maintenant assez en fonds pour aller demander raison aux misérables qui ont tenté de me dépouiller à la fois de mon nom et de mon patrimoine.

Les instances du directeur, les prières de ses amis ne purent obtenir que Charles restât davantage. Impatient qu'il était de confondre ses ennemis, il partit deux jour après, laissant à Liège sa petite famille, qui devait le rejoindre à Paris, et il se rendit directement à Calais.

IX

UN SUJET DE DRAME

Pigault allait revoir Calais, sa ville natale, qui lui rappelait à la fois de si tendres et de si cruels souvenirs ; de nouveaux dangers allaient l'assaillir sans doute ; mais rester plus longtemps éloigné, garder encore le silence, c'était en quelque sorte faiblir devant ses ennemis, donner créance à la fable à l'aide de laquelle on le ruinait dans son présent et son avenir ; il avait résolu de faire tête à l'orage, et bientôt il fut de retour au milieu de cette tourbe d'intrigants ligués pour servir le vieillard dont ils avaient égaré la raison et le cœur.

Le jour même de son arrivé, il se présenta chez le président Behague.

— Monsieur, lui dit-il, je suis Pigault-Lebrun, celui-là même que vous avez déclaré mort par un décret, décret que vous rapporterez, je l'espère, car vous me connaissez, monsieur !

— Mon cher, répondit le juge, il y a déjà un siècle que la justice ne croit plus aux revenants ; mais elle a conservé l'habitude de punir les imposteurs, et je vous conseille de prendre en considération cette dernière circonstance.

— C'est une infamie, monsieur ! c'est un déni de justice épouvantable ; mais j'en aurai raison ; je trouverai cinquante témoins dans cette ville pour me reconnaître.

Pigault se croyait sûr de ce qu'il disait ; il était dans l'erreur : sa mort avait été en quelque sorte officiellement annoncée: ses anciennes connaissances doutèrent ; quelques-uns de ces amis d'enfance n'osèrent se prononcer ; la bonne Catherine elle-même ne voulut pas le reconnaître aux particularités secrètes qu'il lui racontait; elle avouait bien avoir rêvé quelque chose comme cela la nuit même où l'on avait dévalisé la maison de son maître, mais elle soutenait que ce n'était qu'un rêve ; il n'y eut que la nourrice de Pigault et le brave René qui n'hésitèrent pas à se jeter dans ses bras ; René fit plus, il ne voulut plus quitter son frère de lait.

— Monsieur Charles, disait-il, vous savez que ce n'est pas ma faute si l'affaire du passage en Angleterre est tombée dans l'eau... Dans tous les cas, vous pouvez compter sur moi; je n' vous renierai jamais, moi ; laissez-moi vous servir, et vous verrez que ça tournera bien.

— Pigault accepta les services du brave garçon, et l'emmena à Paris, où sa belle-mère, sa femme et son fils le rejoignirent bientôt; alors il présenta requête au parlement, et le procès se trouva engagé.

Cette affaire était fort grave, le père de Pigault ne tarda pas à s'alarmer des suites qu'elle pouvait avoir et accourut à Paris, où l'un de ses amis, le comte de Préval jouissait d'un grand crédit.

— Parbleu! mon cher ami, lui dit le comte, le hasard vous sert à souhait : votre fils demeure dans notre voisinage, et j'ai déjà entendu parler de sa femme, qui est, dit-on, fort jolie : laissez-moi faire, nous aurons bientôt des intelligences dans la place... D'ailleurs vous savez comment je suis en cour ? Si le jeune homme fait trop de bruit, nous trouverons bien le moyen de le mettre à la raison.

— Je m'en rapporte entièrement à vous, comte ; mais n'oubliez pas que l'affaire est entamée, et que le moindre retard peut avoir les conséquences les plus fâcheuses.

— J'en fais dès à présent mon affaire personnelle,

et je vous en rendrai bon compte soyez tranquille.

Le comte de Préval était un de ces hommes que la débauche a vieillis avant l'âge, et qui, après avoir abusé de leur jeunesse, passent le reste de leur vie à propager la corruption de leurs mœurs.

— Vraiment, se dit-il dès qu'il fut seul, la conduite de cette affaire ne pouvait tomber en de meilleures mains. D'après ce que m'a dit mon coureur, la jeune femme est vraiment charmante... Une belle brune, aux beaux yeux taillés en amandes... Le mari prétendu est fort pauvre, selon les apparences... C'est une affaire que nous mènerons grand train... En vérité, ces petites gens, tout récemment gâtés par la philosophie à la mode, sont d'une insolence qu'on ne saurait trop réprimer... Cela raisonne, cela dispute, cela plaide, cela s'avise d'avoir de jolies femmes... C'est tout à fait intolérable, et il est vraiment dans l'intérêt du bon ordre d'y mettre un terme par tous les moyens possibles... La chose est facile, au reste, une lettre au jeune homme pour l'inviter à passer chez moi, et, pendant que nous causerons, Olivier tâchera d'endoctriner la jolie femme... Ils sont pauvres. L'or est le nerf de l'intrigue, dit le petit Beaumarchais, je les attaque par le côté faible.

Le projet fut presque aussitôt exécuté que conçu ; une heure après, Pigault se rendait à l'invitation du comte.

— Monsieur, lui dit-il, je devine en me présentant chez vous sur quel sujet vous désirez m'entretenir : mais je dois vous dire que, quelle que soit votre opinion sur ma conduite, vous me trouverez inébranlable.

— Je n'ai le droit ni le désir de vous condamner ou vous absoudre. Je ne veux point prononcer entre votre père et vous ; mais je vous plains, parce que vous êtes malheureux, et j'ai pensé que les conseils d'un ami de votre famille pourraient vous être utiles.

— Malheureux, dites-vous?... oui, je le suis, si le bonheur n'est que dans les jouissances d'un luxe insolent ; mais si la félicité tient à la paix de l'âme, il n'est pas d'homme qui puisse se flatter d'être plus heureux que moi.

— Mon jeune ami, l'amour a ses illusions. Il vient un temps où le bandeau tombe, et où la vérité dissipe des prestiges qui nous furent trop longtemps chers.

— Des prestiges ! des illusions !... quoi ! un bonheur que je sens, qui me pénètre, dont la douce influence renaît sans cesse et me console de mes maux, tout cela ne serait que chimères ?... vous ne pouvez le penser, monsieur le comte.

— Tout cet enthousiasme n'empêche pas que votre père ait les lois pour lui, et, croyez-moi, ce ne sera pas en vain qu'il invoquera leur secours. Peut-être serait-il plus dans vos intérêts de condescendre à ses volontés : ce mariage qui vous lie n'est pas régulier il serait facile de le rompre, et alors votre père...

— Qu'osez-vous me proposer, monsieur ! De grâce, ne m'obligez pas à oublier le respect que je dois à un ami de mon père.

— Je ne saurais vous empêcher de courir à votre perte ; mais j'espère encore que vous réfléchirez, et lorsque vous aurez pris le parti que commande la raison, vous me trouverez disposé à vous servir.

Pigault salua sans répliquer, et se retira. Pendant que ceci se passait, une autre scène avait lieu au domicile de Charles, où le valet de chambre Olivier s'était rendu sur l'ordre de son maître. Après avoir vanté longuement la générosité du comte, qui, disait-il, prenait le plus vif intérêt à M. Charles, il était parvenu à faire accepter à Eugénie une bourse bien garnie. C'était, avait-il dit, un prêt que M. le comte faisait à son mari afin de l'aider à soutenir ses droits devant la justice ; la jeune femme avait d'abord refusé, mais René avait joint ses instances à celles d'Olivier.

— Si M. Charles n'en veux pas, avait dit ce brave garçon, il sera bien le maître de rendre cette somme et je me chargerai de la reporter.

Pigault était fort triste lorsqu'il rentra chez lui; Eugénie s'en aperçut et vint se jeter dans ses bras.

— Mon ami, lui dit-elle, ne nous laissons pas abattre; un protecteur nous ouvre les bras; le comte de Préval...

— Le comte de Préval !

— Oui, un digne seigneur qui t'estime et qui t'aime.

— Qui t'a dit cela, Eugénie ? le comte te connaît-il ? t'a-t-il vue ?

— Non, mon ami, mais il a envoyé ici son valet de chambre.

— Je commence à comprendre; ce n'est pas à moi que s'adressait le message. La maison du comte est une école de corruption ; cet homme a une immense fortune dont il fait un usage infâme, et un grand crédit à l'aide duquel il se déshonore. En sortant de chez lui, où il m'avait fait appeler, j'ai pris quelques renseignements, et je sais maintenant à quoi m'en tenir sur son compte.

— Grand Dieu ! que m'apprends-tu ! ô Charles ! je suis donc bien coupable... j'ai consenti à recevoir une bourse...

— Une bourse !... Comment ! l'infâme a osé... Donne-la-moi, Eugénie, que je la lui reporte.

En ce moment une voiture s'arrêtait à la porte, Pigault s'avança près de la fenêtre et reconnut le comte lui-même, qui entrait conduit par son valet de chambre.

— Le voici ! s'écria-t-il; trompé par la direction que j'ai prise en sortant de chez lui, il me croit loin d'ici, et vient pour achever ce que son valet de chambre a commencé ; je veux voir jusqu'où il poussera l'audace.

A ces mots il se jeta dans un cabinet, dont il

De tout temps le métier de régisseur a été le plus détestable de tous les métiers. (Page 114.)

laissa la porte entr'ouverte ; au même instant le comte entrait.

— Je m'estime fort heureux de vous rencontrer chez vous, madame, dit-il à Eugénie, mon valet est un maladroit, qui s'est probablement mal expliqué, et je viens avec l'intention de combattre quelques petits scrupules, qui, je l'espère, seront bientôt dissipés.

Eugénie ne put répondre d'abord, tant elle était émue ; mais René s'écria :

— Sur ma foi, monsieur, m'est avis que vous n' passez pas l' temps à vous amuser aux bagatelles de la porte ?

— Quel est ce rustre? demanda le comte en regardant le bas Normand par-dessus son épaule.

— C'est un honnête homme, répondit Eugénie un peu remise, que mon mari traite comme son ami, son frère, et qui le mérite.

— Et cet ami-là, belle dame, est sans doute un peu le vôtre ?

— Par la raison, monsieur, qu'il est celui de mon mari.

— En ce cas, vous ne pouvez me refuser un peu d'amitié ; car personne ne s'intéresse plus vivement que moi au sort de M. Charles ; personne n'est plus disposé à lui donner des preuves...

— Je dois vous dire, monsieur, que ces preuves ont déjà été trop loin.

— Mon Dieu ! c'est pourtant fort simple. Je vous ai envoyé de l'argent parce que j'ai présumé que vous en aviez besoin, et j'ai offert ma protection à votre mari parce que je crois qu'elle peut lui être utile. Comme il est impossible que M. Charles ne perde pas son procès, il ne pourra éviter la prison que par la fuite, alors je lui procurerai quelque emploi lucratif dans les colonies ; nous observerons les bienséances, votre fils sera élevé dans l'aisance ;

je me propose de veiller moi-même à son éducation, et...

— N'allez pas plus loin, monsieur ; je ne le souffrirai pas !

— Ni moi, non plus, sacrebleu ! s'écria René. T'nez, monsieur Charles, vous ferez bien de l' mettre à la porte ; car je m' sens une rude envie de l' faire passer par la fenêtre.

— Monsieur, dit Charles en sortant de sa retraite, votre conduite est celle d'un lâche et d'un infâme : je n'attends point, je ne veux point d'explication ; sortez !

— Ah ! mon petit monsieur, vous le prenez sur ce ton ! Vous oubliez donc, mon ami, qu'un homme comme moi n'a pas besoin d'avoir recours à son épée pour venger les injures que peuvent lui faire les gens de votre sorte ?

— Puisqu'il s'agit de choisir entre l'infamie et votre haine, mon choix ne peut être douteux.

— Nous saurons bien rabattre ce petit orgueil... Quand on est l'ami des ministres...

— Ma foi ! dit René, si tous les amis des minist' vous r'semblent, c'est pas étonnant qu' la boutique soit si bien menée.

Le comte furieux fit un mouvement pour sortir, mais Pigault l'arrêta pour lui faire reprendre la bourse que Eugénie avait reçue.

— Partez maintenant, monsieur, lui dit-il ; hâtez-vous, car je ne pourrais peut-être maîtriser plus longtemps l'indignation que j'éprouve.

— Nous vous calmerons, murmura le comte en sortant.

Pigault ne pouvait se dissimuler le danger de sa position, mais il lui était impossible d'y changer quelque chose, il lui fallait espérer et attendre. D'ailleurs la puissance des grands devenait chaque jour moins redoutable ; on était en 1789, les esprits fermentaient depuis longtemps, et il était aisé de prévoir que de grands événements étaient sur le point de s'accomplir ; c'étaient là autant de raisons qui engageaient Pigault à rester en France ; il espérait bientôt voir s'ouvrir devant lui une carrière qui lui convînt mieux que celle dans laquelle, en dernier lieu, la nécessité l'avait contraint de se jeter.

Dès le lendemain de la scène que nous venons de rapporter, le comte de Préval se rendit à l'hôtel où le père de Pigault était descendu.

— Savez-vous bien, mon ami, lui dit-il, que cette diable d'affaire fait un bruit unique ?... On blâme votre inaction, votre faiblesse ; on convient généralement que vous avez tort de laisser s'engager un procès qui peut être interminable.

— Eh ! grand Dieu ! je ne demanderais pas mieux que de l'empêcher, mais le moyen ?

— Il en est un fort simple : faire mettre Charles à la Bastille sur un ordre du roi, et lui déclarer ensuite qu'il ne rentrera en grâce auprès de vous et ne recouvrera la liberté qu'en renonçant à cette aventurière qu'il appelle sa femme ; vous sentez que ce prétendu mariage sera facilement cassé... Je sais bien que votre fils résistera d'abord, mais on ne s'évade pas de la Bastille aussi facilement que de la maison de détention de Calais.

— Mais ce moyen que vous trouvez simple me paraît fort difficile, mon ami, on n'obtient pas aujourd'hui une lettre de cachet comme on veut.

— Bon ! ne vous inquiétez pas de cela ; donnez-moi autorisation, et je me charge du reste.

Le bon homme ne se fit pas presser, et, muni de l'autorisation paternelle, le comte courut à Versailles, où il obtint sans beaucoup de peine la lettre de cachet qui lui était nécessaire.

— Maintenant, mon drôle, disait-il en revenant à Paris, je vais vous montrer ce que l'on gagne à s'attaquer à des gens comme moi. Demain, au point du jour, vous irez sous bonne escorte prendre un logement à la porte Saint-Antoine; là vous aurez le loisir de faire de la vertu théorique.

Mais en ce moment même la plus grande agitation régnait dans Paris : le lendemain, au lever du soleil, quarante mille citoyens couraient aux armes ; l'autorité avait alors trop de besogne pour s'occuper de l'exécution de lettres de cachet, et, quelques heures après, Pigault lui-même entrait au pas de charge dans les cours de la forteresse, où l'on s'était proposé la veille de lui faire passer une partie de sa vie.

Le comte de Préval ne tarda pas à fuir en Angleterre, et le père de Pigault retourna à Calais ; mais le procès n'en eut pas moins son cours ; la sentence du juge de Calais fut confirmée, et Charles fut condamné aux frais. Voici comment Pigault lui-même raconte la fin de cet incroyable procès (1) :

« Lécuyer, procureur au Parlement, avait barbouillé du papier pendant six mois pour prouver à la cour que Charles était bien et dûment mort. Cependant, comme il connaissait le défunt et son domicile, il lui fit signifier l'arrêt de la chambre, avec invitation de l'aller payer sans délai, à peine d'y être contraint par corps. Charles, tout mort qu'il était, fut en personne payer le procureur, afin de ne plus entendre parler de tous les coquins à qui il avait eu affaire dans ce malheureux procès. »

X

AUTEUR ET SOLDAT

Les ressources de Pigault commençaient à s'épuiser; cependant la perte de son procès venait de lui ravir

(1) Préface de *Charles et Caroline.*

sa dernière espérance : son peu de talent comme comédien lui ôtait toute chance de pouvoir contracter un engagement avec quelqu'un des directeurs des théâtres de Paris. Il avait résolu de se fixer néanmoins dans la capitale, dont le séjour et la liberté convenaient à ses manières hardies et à la franchise de son caractère. Il chercha dans la fécondité de son imagination, sa facilité de travail et son ardeur de réussir, des ressources qui menaçaient de lui manquer de toutes parts à la fois. La première pièce qu'il composa après celle dont l'évêque de Liége avait si singulièrement fait l'acquisition, fut *Charles et Caroline*. Ce premier ouvrage, qui est aussi le plus mauvais de l'auteur, eut néanmoins beaucoup de succès alors au théâtre de la République ; le sujet en est pris dans les aventures de Pigault lui-même ; c'est tout simplement l'histoire de son mariage et de son procès longuement dialoguée.

Quoi qu'il en soit, ce fut le succès de cette espèce de drame qui commença la réputation littéraire de Pigault. Le directeur, désirant s'attacher l'auteur, lui offrit un engagement de 4,000 francs en qualité de régisseur, d'acteur et d'*impresario*, avec cette condition cependant que ses droits d'auteur lui seraient payés à part. Pigault, encouragé, travailla avec ardeur ; il fit le *Pessimiste*, contre-partie de l'*Optimiste* de Colin d'Harleville, et il joua lui-même le principal rôle de cette pièce, qui ne fut pas moins bien accueillie que la précédente. Il était du reste vraiment bon dans le rôle du Pessimiste, et longtemps après, il convenait que c'était le seul rôle où il se fût montré supportable.

Malgré tous les avantages de sa nouvelle position, Pigault ne tarda pas à s'en dégoûter. De tout temps le métier de régisseur a été le plus détestable des métiers ; et ce n'est pas sans raison que l'on a dit qu'une troupe de comédiens est plus difficile à conduire qu'une armée de cent mille hommes. Le nouveau régisseur se vouait au diable cent fois par jour. Une actrice alors en réputation, mademoiselle Desgarcins, lui donnait à elle seule plus de mal que toute la troupe : c'était à chaque instant de nouvelles exigences, de nouveaux caprices. Un jour que Pigault lui faisait des reproches mérités, elle dit après l'avoir écouté patiemment :

— C'est vrai, j'ai tort... d'autant plus tort que tu es un bon camarade... Tiens, embrasse-moi, et n'y pensons plus.

Puis, le baiser donné et rendu, elle s'écria en riant comme une folle :

— Est-il possible, mon pauvre Pigault, que tu sois encore amoureux de ta femme !

— Les sentiments que j'ai pour ma femme, répondit le régisseur ne sont pas de ceux qu'un caprice fait naître et qu'un autre caprice détruit.

— Eh bien ! en vérité, c'est grand dommage ; car je ne te connaissais qu'un travers, celui de gronder sans cesse, de te croire toujours en scène jouant le Pessimiste... maintenant je vois bien que tu vaux un peu moins que je ne l'imaginais.

— Allons, folle, ce n'est pas de moi qu'il s'agit, mais de ta jolie et méchante tête, capable de faire damner les anges.

— Monsieur, je parle sérieusement ; il y a déjà quinze grands jours que j'ai le malheur de vous aimer, et vous n'avez pas l'air seulement de vous en apercevoir.

Pigault fut tout étourdi de cette déclaration à brûle-pourpoint. Sans doute il aimait sa femme ; mais son rigorisme n'allait pas jusqu'à voir tranquillement une jolie personne se mourir d'amour pour lui. Or, mademoiselle Desgarcins avait accompagné sa déclaration de quelques larmes si naturellement jouées, qu'après être un peu revenu de sa surprise, il s'efforça de lui prodiguer de touchantes consolations.

Cette scène se passait pendant un entr'acte dans la loge de l'actrice : le temps s'écoule vite en pareille circonstance ; l'entr'acte se prolongeait singulièrement, et le public commençait à prendre de l'humeur. Les murmures se firent entendre, puis les cris éclatèrent ; mais les acteurs ne bougeaient pas de leur loge, d'ailleurs on n'avait pas sonné. Fort heureusement le directeur, qui était au foyer, apprend ce qui se passe ; il accourt, il crie, tempête, appelle le régisseur de toute la force de ses poumons. Alors, mademoiselle Desgarcins ouvre la porte de la loge et sort entraînant Pigault, dont la toilette est dans le désordre le plus comique.

— Mon Dieu ! monsieur, s'écria-t-elle en riant comme une folle, le voici votre régisseur ; mais cette fois au moins j'espère que vous ne vous en prendrez pas à moi de ce qui arrive : le pauvre garçon se mourait d'amour... pour sa femme, comme vous savez, et j'étais en train de le guérir.

Pigault était hors de lui ; mais il avait trop d'esprit pour ne pas sentir que la plaisanterie était de bonne guerre.

— Soyez sûr, ma belle enfant, dit-il en se rajustant de son mieux, que vous n'avez pas affaire à un ingrat.

L'aventure n'eut pas ce jour-là d'autres suites ; mais Pigault ne négligea rien dès lors pour forcer cette actrice à rabattre quelque chose de ses prétentions exagérées ; et ce fut pour y parvenir qu'il fit engager une toute jeune personne, fort jolie et fort peu connue encore, mais dont il avait, avec son tact ordinaire, apprécié le talent : cette jeune fille, que l'on appelait alors la petite Simon, et qui eût plus tard tant de succès dans *Misanthropie et Repentir*, est aujourd'hui la veuve de Ribouté, auteur de *l'Assemblée de famille*. Ses débuts furent si heureux que ses appointements furent tout d'abord portés à quatre mille francs, ce qui était énorme à cette époque.

Dès lors les indispositions de mademoiselle Desgarcins devinrent moins fréquentes ; elle fut moins exigeante ; mais elle commença à détester très cordialement le régisseur, qui, bientôt fatigué de cette guerre de tous les jours, de tous les instants, renonça au cumul et se borna à jouer les rôles qu'il avait créés. Quelque temps après, Monvel, qui était en Suède, revint, et ce grand comédien n'eut pas de peine à faire pâlir Pigault. Il rompit alors son engagement et s'en tint à la littérature : il fit *l'Amour et la Raison* et *l'Orpheline*, deux comédies qui n'eurent pas moins de succès que ses précédents ouvrages ; Pigault regarda toujours *l'Orpheline* comme son meilleur ouvrage dramatique : c'était sa comédie de prédilection, l'œuvre dont il se montrait le plus fier.

Cet homme, comme on l'a vu, si constant en amour, était fort inconstant dans ses goûts. La guerre venait d'éclater ; une coalition formidable se formait sur nos frontières et menaçait de venir étouffer cette révolution dont tant de nobles cœurs avaient salué l'aurore avec joie. Aussitôt Pigault abandonne ses paisibles travaux littéraires ; rien ne peut le retenir, ni les sollicitations de ses camarades, ni les larmes de sa femme. La liberté est son bien le plus précieux, et il veut la défendre : il se hâte donc de mettre ses affaires en ordre ; il laisse à sa femme une somme assez considérable, s'arrange pour qu'elle reçoive exactement le produit de ses ouvrages, et, muni de quelques louis seulement, il s'engage comme simple volontaire dans les dragons de Custine.

Un homme de ce caractère ne pouvait rester longtemps dans les rangs inférieurs où il s'était jeté ; aussi, en arrivant à Cambrai, fut-il élevé au grade de sous-lieutenant, avancement qui s'explique d'ailleurs par le besoin d'officiers dont l'émigration diminuait chaque jour le nombre, et par les connaissances militaires que Pigault avait acquises précédemment.

Cependant l'armée française se rassemblait ; elle ne pouvait tarder à franchir la frontière ; les volontaires arrivaient de toutes parts, mal équipés, à peine armés, mais tous pleins d'ardeur. Pigault retrouva parmi eux ses anciens amis Bernier et Albert, qui, comme lui, venaient d'être faits officiers, mais dont la bourse n'était guère mieux garnie qu'autrefois. Cela n'empêcha pas les trois amis de faire bombance pendant quelques jours ; mais les fonds de Pigault furent bientôt épuisés, et il fallut avoir recours aux expédients. Ils réfléchissaient tous trois à l'issue d'un bon dîner dont la carte devait emporter leur dernier écu ; tout à coup Bernier s'écria :

— Parbleu ! mes amis, nous ne sommes qu'à sept lieues de Valenciennes !

— Cela nous avance beaucoup, répondit Pigault, si c'est là tout ce que tu as à nous offrir...

— Laisse-moi donc développer ma proposition ; nous ne sommes qu'à sept lieues de Valenciennes, et j'ai dans cette ville un respectable oncle, curé de son métier, et assez bon diable de son naturel, mais passablement dur à la desserre. Il y a bien dix ans que le brave homme n'a eu de mes nouvelles. Je pense donc qu'il ne serait pas impossible d'obtenir de lui un léger subside, capable de nous faire prendre patience... Mais il ne faut pas se montrer là en uniforme depuis que je lui en ai fait payer trois en six mois... Il y a longtemps de cela. Je me rappelle que la dernière fois que je le vis, il me dit : — Mon ami, tu as choisi là un mauvais métier ; je ne conçois pas que l'on se fasse casser les bras et les jambes pour le seul plaisir de se faire mettre à l'hôpital et d'aller mourir aux Invalides. — Mon cher oncle, répondis-je, il faut bien faire quelque chose, et j'aime à voir du pays. — Eh bien ! est-ce qu'on a besoin d'avoir un sabre au côté pour cela ? Voyage, mon garçon, qui est-ce qui t'en empêche? Fais un pèlerinage en Terre sainte, par exemple, et tu gagneras des indulgences plénières pour toute ta famille.

— Je lui promis bien d'y penser, continua Bernier. Voici donc ce que j'imagine : nous obtenons une permission de trois jours et nous partons. Arrivés à Valenciennes, nous louons des habits de pèlerins : ça ne doit pas être rare, et nous allons chez le curé. — Nous arrivons de Terre sainte, et nous avons naturellement une soif d'enfer et une faim de tous les diables... D'ailleurs, nous avons tant de choses admirables à raconter que l'on se hâte de nous faire mettre à table. Mais voici le beau de l'affaire ! Nous apportons une foule de reliques du plus grand prix, des reliques qui valent un royaume, mais dont nous donnons les deux tiers pour vingt-cinq louis, attendu que nous n'en faisons pas un objet de spéculation... Eh bien ! comment le trouvez-vous, celui-là ?

Plus la proposition était extravagante, mieux elle devait être accueillie. Dès le soir même la permission fut obtenue, et le lendemain les amis étaient à Valenciennes. Ce ne fut pas sans peine que l'on se procura les costumes nécessaires; mais enfin on en vint à bout, et vers la fin du jour les trois amis, bourdon en main, se présentèrent chez le pasteur.

— Mon respectable oncle, s'écria Bernier en se jetant dans les bras du bon homme, recevez mes remerciements pour le saint conseil que vous m'avez donné dans le temps !...

— Grand Dieu !... serait-il possible !... c'est toi, Bernier ?... et tu reviens...

— De la Terre sainte, mon très cher oncle. Dieu merci ! la famille ne manquera pas d'indulgences.

— Ah ! mon ami, elles ne pouvaient arriver plus à propos, car nous sommes au temps de l'abomination de la désolation... Ils vendent les biens du clergé !...

Conçois-tu cela, Bernier ? vendre les biens du clergé ! c'est une rage, une frénésie.

— Nous en avons de toutes les façons ; des petites, des grandes, des plénières, des archiplénières... ce qui pour le moment, mon cher oncle, ne nous empêche pas de mourir de faim.

— Allons donc, Thérèse, dépêchez-vous, ma fille ; ces pauvres gens on dû tant souffrir !

Malgré l'abomination de la désolation dont se plaignait le curé, son garde-manger était toujours bien garni ; aussi la table se trouva-t-elle promptement couverte.

— Apportez de la bière, dit le pasteur, de ma bonne bière que vous savez.

— Non, mon oncle, s'écria Bernier, non, cela est inutile, il ne nous est pas permis de faire usage de liqueurs fortes.

— C'est donc un vœu que vous avez fait, mes enfants ?

— Oui, monsr., répondit Pigault avec le plus grand sang-froid, nous avons fait vœu de ne boire que du vin.

— C'est un singulier vœu pour des pèlerins, mes chers fils...

— C'est que nous avons voulu que les biens périssables de ce monde nous rappelassent en toutes circonstances les biens qui sont promis au juste dans le ciel... Prenez et buvez, a dit Jésus, prenez et buvez, ceci est mon sang... Or, ce sang, monsieur le curé, c'était d'excellent vin de lacryma-christi, certains auteurs disent du tokai... Il est vrai que saint Augustin nous apprend que ce pouvait bien être du vin de Chypre... Il y a des auteurs qui penchent pour le champagne, d'autre pour le bourgogne ; mais dans tous les cas, il est certain que ce n'était pas de la bière... Vous comprenez donc, monsieur le curé...

Le saint homme ne comprenait pas du tout ; il ne se rappelait pas que saint Augustin eût rien dit de pareil ; mais, craignant de passer pour un ignorant, il fit signe en soupirant à Thérèse, qui disparut et rapporta bientôt un panier de douze bouteilles. Les trois pèlerins mangèrent comme des écoliers et burent comme des Anglais, malgré les questions multipliées du pasteur, qui faisait tous ses efforts pour amener des temps d'arrêt dans ces rapides évolutions mâchelières.

— Vous disiez donc, mes enfants, que vous apportiez des reliques précieuses ?

— Des reliques impayables, mon oncle. Tenez, voici trois dents du chien qui mordit saint Pierre quand il renonça son maître...

A ces mots, il fouilla dans sa poche ; mais comme les douze bouteilles étaient vides, et que les amis avaient le cerveau tant soit peu chargé des vapeurs de ce vieux bourgogne, au lieu des dents qu'il annonçait, Bernier présenta à son oncle une pipe élégamment culottée.

— Qu'est que cela, mon ami ?

— C'est, répondit Bernier en s'apercevant de sa méprise, c'est la pipe de Malchus... qui perdit une oreille au jardin des Oliviers.

— Malchus... C'est homme-là fumait ?

— Comme un Hollandais, mon cher oncle, et il y avait de quoi.

— Et n'avez-vous point quelque morceau de la vraie croix ?

— Quelque... Dis donc, Pigault, n'avons-nous pas quelque morceau de la vraie croix ?

— Certainement ; tu sais que, pour éviter la convoitise des gens à qui nous étions obligés de demander l'hospitalité, je pris le parti d'en faire faire un manche au couteau de la sainte Vierge.

Et il exhiba un mauvais couteau dont s'était muni à tout événement.

— Voici, dit Albert, un morceau du saint suaire.

— Mais, mon cher frère, je croyais que le saint suaire tout entier était à Besançon ?

— Certainement, il y est, monsieur le curé, personne n'en doute; mais le saint suaire est une de ces reliques qui ont le privilège de se trouver en même temps dans plusieurs lieux différents.

Il n'y avait rien à répliquer à cela : le curé était dans l'admiration, la vieille Thérèse était tentée de se prosterner devant de si saintes choses. Les amis achevèrent de vider leurs poches ; celui-ci en tira un fragment de la robe de saint Joseph; celui-là, les boutons de la culotte de Chrysostome ; Pigault, la guimpe de la sainte Vierge. Le brave pasteur était dans l'admiration et se béatisait d'autant plus qu'il comprenait moins ; aussi les trois écervelés eurent-ils un succès admirable.

— J'espère, mon cher neveu, dit enfin le curé après un soigneux inventaire, que vous ne me refuserez pas quelqu'une de ces saintes reliques.

— Nous rougirions, mon cher oncle, d'en faire un objet de spéculation, et nous vous les céderons avec d'autant plus de plaisir, au prix coûtant, que c'est à votre intention que nous les avons acquises... pour vingt-cinq louis : c'est un marché d'or... et les indulgences par-dessus le marché... Remarquez, je vous prie, que nous ne vous comptons pas le port.

Le visage du curé se rembrunissait à chaque parole : vingt-cinq louis ! dans ces temps de désolation où l'on vendait les biens du clergé !...

— Hélas ! mes frères, dit-il en soupirant je ne suis pas riche.

— Raison de plus, mon oncle ; c'est une pacotille que vous placerez avantageusement. Il y a, certes, mille contre un à gagner.

— Les fidèles deviennent plus rares de jour en jour.

— Et les reliques donc ! on n'en trouve plus... Profitez de l'occasion, les temps peuvent devenir meilleurs, et trop heureux sont ceux qui peuvent placer aussi sûrement leur argent.

— Vingt-cinq louis ! disait mentalement le bonhomme, c'est un beau denier... Il y a bien des messes là dedans !... Ma paroisse, il est vrai, sera pourvue de reliques, de manière à me faire des envieux ; et, si les confrères en sont curieux, ils ne les auront qu'à bonnes enseignes...

Après ce judicieux raisonnement, le saint curé alla chercher la somme que les honnêtes pèlerins empochèrent de bonne grâce ; puis, comme toutes les bouteilles était vides et qu'il se faisait déjà tard, Bernier donna le signal de la retraite en promettant à son oncle de le venir voir le lendemain ; mais le lendemain les trois amis avaient rejoint le régiment, et huit jours après ils entraient en campagne.

Pigault ne tarda pas à se faire remarquer par sa bravoure, son sang-froid et sa décision. A la bataille de Valmy, on l'envoya prendre position près d'un château occupé par l'ennemi ; il obéit, mais il ne tarda pas à reconnaître que la position n'était pas tenable : un feu terrible partait en effet du château, et lui avait mis en quelques minutes plusieurs hommes hors de combat ; lui-même fut bientôt légèrement atteint d'une balle.

— Diable, dit-il en se tournant vers ses hommes, faisons-nous tuer, rien de mieux ; mais que cela du moins serve à quelque chose, et ne nous laissons pas canarder ainsi comme un blanc de tir. Délogeons ces garnements qui nous fusillent par les fenêtres : avant d'abord ! et nous verrons après.

Cela dit, il s'élance le premier vers le château, ses hommes imitent son élan, et tous pénètrent en un instant dans une première cour, malgré le feu bien nourri qui part plus vivement des fenêtres, et l'impossibilité d'y riposter.

— Rendez-vous, canailles, rendez-vous, s'écrie Pigault, ou je vous brûle tout vifs !

L'exécution suit de près la menace : le feu est mis à quelques bottes de paille que l'on jette contre la porte, et les flammes s'élèvent promptement jusqu'au premier étage. L'ennemi, cependant, était trop nombreux pour songer à se rendre : une centaine d'hommes sautent par les fenêtres, d'autres les rejoignent en passant au travers des flammes, et la cour du château devient à son tour le théâtre d'un combat sanglant. Jamais Pigault ne s'était senti autant d'ardeur et de forces ; les coups qu'il portait étaient terribles, et ses soldats, animés par son exemple et par l'imminence du danger, se battaient avec une résolution qui tenait de la rage et du désespoir. Les rangs des Autrichiens s'éclaircissaient rapidement ; et après un quart d'heure de combat, Pigault eut la gloire de faire mettre bas les armes à cette troupe deux fois plus nombreuse que celle qu'il commandait.

— Maintenant, mes amis, nous pourrions aller reprendre notre position, dit-il ; mais nous serons plus utiles ici, j'imagine : commençons donc par éteindre le feu qui menace de consumer tout le château.

L'incendie, malgré la rapidité de ses progrès, fut facilement éteint, et Pigault, après avoir fait enfermer ses prisonniers dans la cave et avoir barricadé toutes les issues, attendit qu'on lui envoyât des ordres ; mais l'action s'était engagée sur toute la ligne, et l'on ne pensait plus à sa faible troupe ni à lui. Bientôt, cependant, une division ennemie, chargée vigoureusement par la cavalerie de Kellermann, manœuvra de manière à s'appuyer sur le château ; elle s'en approcha sans défiance, et fut accueillie par un feu bien nourri. Le général, étonné de cette brusque diversion, ordonna aussitôt de faire avancer l'artillerie, et deux mille hommes attaquèrent le château, dont les invisibles défenseurs ne se pouvaient estimer qu'à la multiplicité de leurs coups.

— Voilà qui devient comique, dit Pigault à ses braves; il paraît que l'on veut nous faire les honneurs d'un siège. Tenons ferme, et donnons de la besogne aux habits blancs. Il est impossible qu'on n'envoie pas promptement un renfort disputer le passage à ces poltrons qui fuient, et nous serons sauvés de leurs griffes.

Il se hâte alors de faire créneler les murailles, il dispose son monde avec un rare esprit d'ordre et d'intelligence, et le combat continue avec une nouvelle vigueur. Mais le canon fait bientôt de terribles ravages dans le château : des pans de muraille s'écroulent, les fenêtres volent en éclats ; Pigault et ses gens sont presque à découvert. Ils tiennent encore cependant, ils ne songent même pas à se rendre; malheureusement les munitions s'épuisent, elles ne peuvent tarder à manquer.

— Visez juste, disait Pigault, nous n'avons pas de cartouches à perdre, il faut que tout coup porte et tue.

Ces ordres étaient exécutés avec intelligence et précision, et son monde cependant diminuait sensiblement : le château était percé à jour de tous côtés, la position ne fut bientôt plus tenable ; un instant encore, et c'en était fait de la chétive garnison, lorsque tout à coup un grand mouvement se fit dans la division ennemie; son centre, attaqué par quelques bataillons français, venait de fléchir et se débandait; la gauche et la droite battaient en retraite pour se rallier, et bientôt Pigault, débloqué, se trouva maître du terrain. Kellermann, qui avait vu l'importance que l'ennemi attachait à conserver cette position, s'attendait à la trouver occupée par une garnison nombreuse. Quelle ne fut pas sa surprise lorsqu'il en vit sortir Pigault à la tête d'une soixantaine d'hommes!

— Vous êtes un brave officier, monsieur, lui dit-il, et je ne vous oublierai pas.

En effet, Pigault ne fut pas oublié; car à la fin de campagne, où il continua de se distinguer, il revenait à Paris avec le grade d'adjudant général. Il passa alors quelque temps sans emploi; mais aussitôt qu'il eut pris un repos que les fatigues de cette guerre glorieuse lui avaient rendu nécessaire, il fut envoyé à Saumur en qualité de chef de remonte, emploi qui lui convenait peu, mais qu'il se serait fait un scrupule de refuser dans ces moments où la patrie avait besoin sur tous les échelons d'hommes dévoués et capables de la servir.

La France était alors en proie au pillage le plus éhonté; tout ce qui n'était pas patriotique pur volait le gouvernement, et les fournisseurs des armées surtout, malgré la sévérité de quelques exemples que ne justifiait que trop le scandale de leurs rapines, faisaient des bénéfices immenses en chaussant nos fantassins de souliers de carton, en enfourchant nos cavaliers de misérables rosses, et en livrant tout le reste à l'avenant. Pigault, d'une probité sévère, ennemi déclaré et de la fraude et des voleurs, ne pouvait demeurer froid spectateur de tels excès; aussi, dès le premier jour où un convoi de chevaux lui fut amené, il refusa l'admission de quatre-vingt-dix-huit sur cent.

— Mais, lui dit le marchand de chevaux, vous voulez donc mettre la cavalerie à pied?

— Pourquoi pas, je vous prie, mon drôle? Croyez-vous que nos cavaliers en seront beaucoup plus à l'aise quand, indépendamment de la selle qu'il leur faudra porter, ils auront à traîner après eux les misérables haridelles que je refuse de recevoir.

— Mes chevaux sont un peu fatigués, il est vrai; c'est le résultat de la route; mais qu'on leur donne le temps de se reposer.

— Pensez-vous que ce soit en soignant des chevaux à l'écurie que l'on mettra à la raison les chouans qui infestent le Bocage?

— Allons, allons, nous aurons de la peine à nous entendre; mais il y a cependant moyen de s'arranger.

Et en disant ces mots il s'approchait plus près de Pigault, à qui il glissait dans la main un rouleau d'une centaine de louis.

— Pour qui me prenez-vous ? s'écria Pigault pâle d'étonnement et de colère.

— Mais il y a cent louis bien comptés. Vous savez combien le numéraire est rare.

— Je sais aussi combien les fripons sont communs; mais je ne suis pas d'humeur à en augmenter le nombre. Reprenez votre or, ou plutôt emmenez vos chevaux, et rendez-moi grâce de vous laisser partir avec vos oreilles.

Le marchand de chevaux lui tourna les talons sans mot dire; mais il était Normand et ne se tint pas pour battu.

— Cet homme est un imbécile, se disait-il, il n'y aura jamais rien à faire avec lui; mais je sais un autre moyen de le mettre à la raison; il prendra les chevaux, ou ce sera la dernière fois qu'il aura été chargé d'en recevoir.

Cela dit, il se rend à Tours, où siégeaient les représentants du peuple chargés de l'organisation de l'armée républicaine; il demande à être entendu pour faire une communication importante, et est aussitôt introduit.

— Citoyens, dit-il, la république est indignement trahie; les Vendéens battent nos soldats chaque jour, et comment en pourrait-il être autrement lorsque les employés honorés de la confiance du gouvernement s'entendent avec l'ennemi ?

— Explique-toi, citoyen; on fera bonne et prompte justice des coupables.

— Voici un fait entre mille : la cavalerie, vous le savez, est dans un pitoyable état; les chevaux manquent; je fais des efforts inouïs pour en réunir une centaine ; je les paye un prix fou avec la certitude de perdre ; mais qu'est-ce qu'un sacrifice d'argent quand il s'agit de servir la république? J'envoie les chevaux à Saumur, et le chef de remonte, aristocrate échappé de la petite maison du roi, en refuse quatre-vingt-dix-huit sur cent; il n'en garde que deux pour lui, les plus beaux, bien entendu, et nos braves cavaliers continueront d'aller à pied, parce que les aristocrates se couvrent d'un voile de patriotisme et de dévouement.

Qu'on juge de la colère des représentants. Il fut question de faire immédiatement juger Pigault par une commission militaire, et le procès n'eût pas été long; mais, heureusement pour lui, il avait fait épier les démarches du marchand de chevaux, dont la résignation avait excité sa surprise et sa défiance; il n'avait pas tardé à apprendre qu'il était parti à franc étrier pour Tours, et, enfourchant lui-même un des deux chevaux qu'il avait gardés, il avait suivi le maquignon; il arriva chez les représentants au moment même où celui-ci en sortait.

— Parbleu ! mon drôle, s'écria-t-il, vous ne m'attendiez pas ici !

— Je m'inquiète fort peu, citoyen, de ce que vous y venez faire.

— Et moi, plus curieux, je prétends savoir ce qui vous y a amené.

— C'est un peu fort !

— C'est comme ça. Allons, revenez de bonne grâce sur vos pas, ou je vous fait marcher devant moi.

Et comme d'un rapide mouvement Pigault à la fois étendait la main pour indiquer le chemin à suivre, et faisait mine de lever le pied un peu plus haut que pour marcher, le maquignon sentit qu'il en fallait prendre son parti et retourna sur ses pas.

— Citoyens représentants, dit Pigault en entrant, voici un coquin à qui je vous prie de donner une leçon de probité à défaut de patriotisme; non seulement il vole la république, mais il calomnie ceux qui la servent et la chérissent. Il m'a dénoncé, j'en suis sûr; il m'aura habillé en aristocrate, en suppôt de Pitt et Cobourg. Eh bien! il n'agit ainsi, citoyens, que parce que j'ai refusé de l'aider à voler l'État; veuillez prendre la peine de descendre, et je vais vous montrer le meilleur des cent chevaux qu'il prétendait me faire trouver bons moyennant un pot-de-vin de cent louis.

— Ah! citoyen, quant aux cent louis...

— Ne me démens pas, coquin! Citoyens représentants, c'est au nom de la république une et indivisible que je vous invite à venir examiner le meilleur cheval de cet honnête fournisseur.

L'invitation était pressante, il eût été difficile de n'y pas faire droit; les représentants descendirent, et Pigault leur fit examiner dans le plus grand détail la rosse étique qui lui servait de monture, et dont l'aspect était d'autant plus misérable et chétif, qu'elle venait de faire d'un trait une route assez difficile.

— C'était là la meilleure bête sur cent? demandèrent les représentants.

— Qu'il ose dire le contraire! répliqua Pigault.

Le maquignon demeurait coi, faisant gauchement de piteux signes de détresse à l'un des deux représentants; celui-ci, soit pitié, soit connivence, s'efforça d'atténuer la faute : il dit que le meilleur citoyen pouvait se tromper; que le marchand de chevaux avait été assez heureux pour donner en d'autres occasions de notables preuves de civisme; il fit si bien, enfin, que les choses en restèrent là; mais ce n'était pas le compte de notre chef de remonte, qui voulait absolument avoir raison du voleur.

— Ces gens-là vous absolvent, lui dit-il lorsque les représentants se furent retirés, mais moi je suis plus difficile à contenter, et vous allez m'accompagner à Saumur pour déclarer, devant tous les officiers de la garnison, que vous m'avez calomnié, et que vous m'en demandez humblement pardon.

— Que demandez-vous, citoyen? je me ferais plutôt couper en quatre !

— Libre à vous ; car, sur ma parole, j'ai depuis ce matin l'envie de vous passer mon sabre au travers du corps.

— Citoyen, ce sont de fort mauvais procédés... Je n'avais pas l'intention...

— Choisissez votre arme, ou en route pour Saumur.

— Mais je ne puis faire une telle déclaration sans me déshonorer, sans me perdre.

— Alors, ayez un peu de cœur... sur le terrain ou à Saumur.

— Eh ! mais, je me rappelle qu'une affaire importante m'appelle à Saumur !

— J'en étais sûr, et c'est fort heureux pour vous. En route, allons !

Il n'y avait pas de terme moyen. Pigault ne voulait rien entendre. Ils partirent donc, et tant que dura le voyage, le marchand de chevaux mit tout en usage, lamentations, prières, promesses, larmes au besoin, pour faire changer l'invariable résolution de son persécuteur. Mais c'était bien peine inutile, et une fois arrivés il lui dicta les termes dans lesquels il voulait que les excuses fussent faites ; puis il réunit quelques officiers, devant lesquels il exigeait que le pauvre diable répétât sa leçon. Il fallut bien s'exécuter ; mais le malin maquignon feignait d'avoir peu de mémoire et de ne pouvoir se rappeler les mots les plus saillants de cette comique palinodie ; à chaque fois Pigault, au lieu de remplir le bénévole office de souffleur, s'écriait :

— Allons, mon brave, je vois bien que vous aimez mieux m'offrir une réparation honorable.

Ce peu de mots produisait un merveilleux effet : le maquignon recouvrait subitement la mémoire, et les spectateurs riaient à ventre déboutonné de son effroi et de sa couardise.

Cette aventure, si simple et si ordinaire en apparence, ne contribua pas peu à dégoûter Pigault du service. Il s'était formé dès longtemps des idées d'honneur fixes et sévères, qui ne lui permettaient pas de demeurer indifférent à ce qui se passait en ce moment autour de lui ; chez Pigault, une résolution arrêtée était aux trois quarts accomplie. Quelques jours après, il renonçait à la carrière militaire, et revenait à Paris reprendre cette vie d'artiste où l'attendaient tant de succès.

XI

SUCCÈS DE THÉATRE

— Je finirais par croire, disait parfois Pigault à ses amis, que ce n'était guère la peine faire une révolution : il n'y avait autrefois de voleurs et d'intrigants que dans certaines classes de la société : la noblesse, la magistrature, la maltôte et le clergé ; maintenant il y en a partout ; le peuple a des droits et manque de pain ; on s'appelle citoyen, et non plus monsieur, mais on n'a pas un vice de moins. Oh ! fous, bien fous ceux qui croient à une régénération ! le monde peut changer, sans doute, mais devenir meilleur, jamais !

Ces noires boutades lui étaient familières, mais n'avaient heureusement aucune influence sur la gaieté de son esprit ; tout en se plaignant de ce qui l'entourait, tout en blâmant avec amertume les maux qu'il avait sous les yeux, il conservait son humeur joyeuse ; un moment de plaisir, ou le récit d'une bonne action, chassaient bien loin derrière lui la pensée des maux dont il ne s'inquiétait que pour le bonheur de sa patrie et de l'humanité.

Il avait repris ses travaux littéraires, et ne tarda pas à faire jouer au théâtre de la Cité *les Dragons et les Bénédictines*, petite pièce vive et pleine d'esprit dont le succès brillant et mérité fut en partie dû au mérite des acteurs, parmi lesquels on remarquait Saint-Clair et sa femme, madame Pélicier, Duval et Frogères. Ces deux derniers comptaient au nombre des amis de Pigault, qui, dans le cours de sa longue et honorable carrière, n'a jamais accordé son amitié qu'à de parfaits honnêtes gens. Le père Duval est ce bon vieillard qui a donné son nom à un caractère, et qui servait encore, il y a quelques années, d'inimitable compère à Jocrisse-Brunet. Peu favorisé de la fortune, mais doué d'un excellent cœur, il ne laissait jamais échapper une occasion de faire le bien, et l'on nous pardonnera ici d'en apporter un exemple que Pigault ne citait jamais sans émouvoir ses auditeurs. Deux de ses voisins, le mari et la femme, avaient péri sur l'échafaud pendant la Terreur; ils laissaient une pauvre petite orpheline sans ressources. Duval la recueillit, la fit élever comme sa fille, et fut assez heureux pour la marier plus tard à un des riches directeurs du théâtre des Variétés. Son action, ainsi racontée, semble bien simple assurément; mais pour arriver là, il lui avait fallu s'imposer les plus cruelles privations : il avait vendu son argenterie et une partie de son mobilier pour donner une éducation convenable à sa fille adoptive; plus tard, il se défit du reste pour lui former un trousseau, et se trouva réduit à un état voisin de la misère; mais tout le monde l'ignorait, car il supportait gaiement l'infortune, et la satisfaction d'avoir fait le bien lui permettait de cacher ses privations sous les dehors d'une gaieté dont la source était dans la pureté de son cœur.

— Et tu reviens...
— De la Terre sainte, mon très cher oncle. (Page 119.)

Quant à Frogères, que Pigault aimait avec une cordialité profonde, il partit en 1796 pour la Russie, et s'engagea au Théâtre-Français de Saint-Pétersbourg ; son talent original et facile, son esprit délicat et fin, son caractère honorable et sûr ne tardèrent pas à le faire distinguer de la noblesse et de l'empereur ; il devint en quelque sorte l'ami de Paul Ier, et, plus tard, Alexandre lui conserva cette faveur dont il se montra constamment digne.

Une nuit, Alexandre et Frogères se trouvaient dans un bal offert par les officiers des gardes aux dames de la ville ; un officier russe s'approchant du comédien :

— Mon frère, lui dit-il, est un brave et digne officier qu'une faute légère a fait exiler en Sibérie ; si vous étiez assez bon pour vous intéresser à son malheur, vous obtiendriez son rappel, j'en suis sûr, de la bonté de notre czar.

— Je ne puis pas parler à l'empereur, répondit Frogères, car il est ici incognito. Je vais cependant hasarder en sa faveur une démarche...

Et aussitôt courant vers Alexandre, il lui frappe familièrement sur l'épaule et lui dit :

— Alexiowitz, ce brave officier, serait bien heureux s'il pouvait obtenir la grâce de son frère exilé en Sibérie ; je ne suis pas grand'chose par moi-même, mais si vous vouliez me soutenir de votre crédit, je suis sûr que nous réussirions.

Alexandre sourit, promit son appui, et signa dès le lendemain le rappel du pauvre officier.

Lors des désastres de l'armée française, après l'évacuation de Moscou, Frogères demeurait à Saint-Pétersbourg, au palais impérial. A la nouvelle de la déroute de la grande armée, la ville fut spontanément illuminée ; le palais était resplendissant ; les croisées seules de Frogères demeurèrent sombres et comme voilées de deuil, au milieu de l'éclat de la joie générale. Dès le lendemain, il en recevait de vifs reproches, et de grands personnages le menaçaient de la colère d'Alexandre : il fut quelque temps sans oser approcher de l'empereur, qui le fit enfin appeler.

— Frogères, lui dit-il, je ne suis donc plus votre ami, puisque vous ne vous réjouissez pas de ce qui m'arrive d'heureux ?

— Votre protection, sire, votre appui sont mon bien le plus précieux, puissé-je ne jamais les perdre! mais n'en serais-je pas indigne si je pouvais oublier que ces vaincus sont mes compatriotes ?

— Vous êtes un brave et honnête homme, Frogères, et je n'aurais pas été content de vous si vous eussiez agi autrement.

Frogères revint à Paris en 1814, et il y est mort du choléra en 1832, chez sa sœur, madame Dugazon, deuxième femme de l'excellent comédien de ce nom.

C'est à cette époque (1796) que le libraire Barba devint l'éditeur et bientôt l'ami de Pigault-Lebrun; leur amitié, qui pendant près de quarante ans ne se démentit jamais, se forma, il faut le dire, sous des auspices qui ne devaient pas faire présumer qu'une liaison si sincère en résulterait.

Le rideau venait de baisser après la première représentation des *Dragons et les Bénédictines*; la salle retentissait encore du bruit des applaudissements, et le nom de l'auteur venait d'être livré aux bravos du public; le libraire Barba demande où il pourra trouver l'auteur de la jolie pièce qui vient d'obtenir un si brillant succès; on lui indique une loge, il y court et frappe; on ouvre.

— Lequel de vous, citoyens, est l'auteur de la pièce ?

— C'est moi, répond brusquement Pigault, que me veux-tu ?

— Je voudrais l'imprimer.

— C'était parbleu bien la peine de nous déranger pour cela !... Je serai chez moi demain.

Et sans plus long entretien, il ferme brusquement la porte au nez du visiteur. Barba ne se découragea pas ; le lendemain il se présentait chez l'auteur.

— Combien veux-tu de ta pièce ?
— Douze cents livres.
— C'est énorme ! considère donc que les assignats ne valent plus rien et que l'argent se montre à peine.
— J'en veux douze cents livres ou rien.
— Alors, l'imprime qui voudra !
— A la bonne heure : je croyais que les considérations allaient revenir sur le tapis, et je te sais gré de m'en faire grâce.

A cette seconde entrevue il en succéda plusieurs, soit au théâtre, soit au foyer. Barba et Pigault ne tardèrent pas à s'apprécier réciproquement. Bientôt les *Dragons en cantonnement* succédèrent aux *Dragons et les Bénédictines*, et n'obtinrent pas moins de succès ; l'éditeur revint à la charge.

Es-tu toujours dans les mêmes dispositions? demanda-t-il à Pigault.
— Je n'ai qu'une parole.
— Combien les deux pièces ?
— Cent louis.

Il n'y avait rien à gagner à discuter avec un tel homme ; M. Barba donna la somme, et il fit une excellente affaire. On venait en effet alors de décréter, sur la proposition de M. Népomucène Lemercier, que les auteurs percevraient un droit pour la représentation de leurs ouvrages en province, et les deux pièces de Pigault furent jouées sur tous les théâtres de la France. Toutefois, si Pigault avait demandé une somme assez forte pour ces deux petits ouvrages, ce n'était pas qu'il se fît illusion sur leur mérite et leur importance, car c'est lui qui, après le succès de son *Petit Matelot*, a formulé cet aphorisme qui fait du moins honneur à sa modestie : « Voulez-vous la recette pour réussir à l'Opéra-Comique ?... Un air au ténor, un grand air à la chanteuse en vogue, un duo... et des imbéciles pour écouter toutes ces belles choses. »

Cependant Pigault vivait honorablement du fruit d'un travail qu'il aimait. Il avait eu la douleur de perdre Eugénie, et venait de contracter un second mariage avec la sœur de Michaud, que le public regrette et qui a laissé une réputation de bon citoyen, d'excellent homme et d'inimitable comédien. Sa nouvelle épouse était veuve et possédait quelque fortune; il avait hérité lui-même d'une petite propriété voisine de Montargis qui lui rapportait cent louis de rente. Il voulut essayer alors son talent dans un cadre plus large, et où il pût développer plus à l'aise les ressources fécondes de son imagination et de sa gaieté. Il écrivit, de verve et presque sans s'arrêter, *l'Enfant du Carnaval*, dont le libraire Barba lui offrit six cents francs. Pigault en voulait neuf, et le marché ne se conclut pas. Peut-être l'auteur ou le libraire eussent-ils fini par céder, mais un ami de Pigault, Julienne, homme d'esprit de conscience et de goût, qui remplissait alors les fonction périlleuses et difficiles de défenseur officieux, avait eu connaissance du manuscrit, et il trouvait l'ouvrage original, intéressant et gai à tel point, qu'il offrit de s'en faire lui même l'éditeur à des conditions beaucoup plus avantageuses que celles offertes par Barba.

— Peut-être nous trompons-nous tous deux, dit Pigault; je ne veux pas gagner d'argent dans une opération qui t'en pourrait faire perdre. Mettons-nous loyalement de moitié: je mets dans l'association mon esprit, si esprit il y a, tu y mettras ton argent, et, l'ouvrage imprimé, nous chargerons Barba de la vente.

Cette proposition fut acceptée; l'ouvrage parut, et il eut un tel succès, que Barba acheta bientôt l'édition entière et le droit de réimpression. Dans l'espace de trente ans il en fit paraître dix-sept éditions, c'était une fort belle affaire; mais en toute chose il y a un revers à la médaille, et en 1826 la dix-septième édition fut saisie à la requête d'un procureur du roi, aux ordres alors de cette congrégation si puissante, et dont la colère du peuple a fait si promptement justice. Le livre saisi fut mis à l'index, le libraire perdit son brevet et fut condamné à l'amende et à la prison. C'était un homme de résolution que le libraire Barba; il avait traversé des temps difficiles et vu se succéder nombre de petites tyrannies d'un jour; il ne s'effraya pas pour si peu, et continua philosophiquement à éditer des ouvrages qui depuis trente ans attiraient la foule dans sa boutique cosmopolite; l'autorité fit fermer par la force son inoffensif magasin.

Il plaidait depuis cinq années, lorsque la révolution de Juillet vint mettre un terme aux misérables persécutions que lui avait suscitées la faction stupide de l'aveugle pavillon Marsan. Ainsi Pigault, après avoir si puissamment contribué à la fortune du libraire, son ami, se trouvait en quelque sorte la cause de sa ruine. Sa maison de commerce étant fermée en effet, la prohibition lui étant faite de réimprimer ses propriétés littéraires, Barba se trouvait à la veille de ne pouvoir plus faire face à ses engagements.

Le libraire Barba était ainsi dans la plus cruelle alternative; les persécutions du pouvoir n'excusent jamais un retard aux yeux d'un homme de commerce, et il savait qu'il aurait en vain recours à ces honnêtes sangsues du commerce de la librairie, auxquelles on donne trop légèrement l'honorable titre d'escompteurs. Quelle fut sa surprise lorsque à la fin du mois, il vit arriver chez lui, vers le soir, un confrère qui portait dans un pan de sa redingote une somme assez rondelette, et avait l'air de se cacher, comme s'il eût craint d'être surpris au moment de commettre une mauvaise action.

— Combien vous manque-t-il pour faire vos payements du 30? dit-il après les premiers et oiseux compliments.

— Cinq mille francs, et je vous avoue que je ne sais où les trouver.

— Parce que vous ne les avez pas cherchés où ils sont au service d'un honnête homme.

En disant ces mots, il dépose ses sacs sur le comptoir, compte la somme et disparaît sans donner à son ami le temps de lui dire merci. Le 15 du mois suivant, il revint de même :

— C'est encore aujourd'hui le jour de douleur, dit-il en entrant.

— Ah! mon ami, je n'oublierai jamais...

— Ni moi non plus, parbleu! J'ai de l'ordre... Ainsi il vous faut? — Même somme... mais c'est trop...

— C'est cinq mille francs, et les voici.

Cela dura ainsi trois mois, et l'auteur de cette action si simple et si belle était M. Delaunay, le libraire du Palais-Royal. Il nous blâmera sans doute de révéler un trait auquel sa modestie ajoute un prix nouveau; mais Barba, tout en promettant le secret, n'avait pu taire devant Pigault sa sincère reconnaissance, et c'est à ce dernier seulement que pourrait s'adresser le reproche d'indiscrétion.

Revenons à *l'Enfant du Carnaval;* nous parlerons peu des qualités littéraires de ce roman, qui a le mérite, du moins aujourd'hui, d'avoir fait rire deux générations. On sait avec quelle verve il est écrit, et quelle est l'entraînante gaieté de la première partie.

La seconde est un tableau animé, quoiqu'un peu chargé peut-être, des excès de la révolution pendant le court règne de la Terreur : la transition est trop brusque sans doute entre des peintures si folles et de si sombres tableaux; le libraire en fit l'observation à Pigault, lorsqu'il se disposa à en publier une nouvelle édition, et l'engagea à modifier un peu cette seconde partie.

— Cette lugubre époque est trop rapprochée de nous, disait-il ; que de gens, que d'opinions blesse la crudité de tes peintures !

— Cela ne peut blesser que des gredins ou des imbéciles, répliquait Pigault ; ces deux classes sont fort nombreuses par le temps qui court, mais ce n'est pas leur suffrage que j'ambitionne. J'ai écrit ce que j'ai vu ; je n'ai rien exagéré : c'est de l'histoire.

Et cela dit, il n'y changea rien.

Certes, *l'Enfant du Carnaval*, si riche de gaieté, de philosophie et de passion, abonde aussi en gravelures ; mais était-ce une raison pour que l'auteur écoutât la banale clameur qui voit et signale partout l'outrage à la morale publique ? Alors, comme aujourd'hui, la plupart de ceux qui criaient anathème contre les scènes hasardées de Pigault-Lebrun étaient de moroses hypocrites qui, après avoir dévoré le livre, ne voyaient rien de mieux à faire que d'en discréditer l'auteur. Pigault, avec son esprit juste et fin, savait à quoi s'en tenir sur leur compte : on sait quelle guerre franche et vive il fit au tartufe Geoffroy, ce célèbre critique, qu'un écrivain à l'eau de rose et aux broderies de clinquant a la prétention de remplacer dans la feuille des renégats. Ah ! si nous avions quelque chose de la verve moqueuse et du sarcasme incisif de ce bon Pigault, comme nous le vengerions avec joie de ce moraliste en bourrelet qui se croit, par droit d'héritage, permis d'insulter à la dépouille tiède encore d'un homme de conscience et d'esprit !

Eh ! qu'est-ce donc que la morale publique, s'il vous plaît ? qui est-ce qui le sait ? est-ce vous ? est-ce nous ? est-ce la législature, le théâtre, la prêtraille, le feuilletonisme ?... Eh ! non, mon Dieu ! c'est le vulgaire, le public à qui nous obéissons tous, que nous servons selon son goût ; Pigault ne faisait pas autre chose, et une preuve, entre cent, répond à ces criailleries. Quelques abbés, Geoffroy, je pense, en tête, avaient fait grand bruit dans les journaux, où ils commençaient à montrer de nouveau leurs tristes et plates figures, de certaine scène de *l'Enfant du Carnaval,* où figure un plat d'épinards dans la cuisine d'un curé. La plaisanterie n'était certes pas de bon goût, mais il s'agissait de *l'Enfant du Carnaval,* et le carnaval a ses licences. Quoiqu'il fût à sa quatrième édition de l'ouvrage, le libraire Barba vint trouver l'auteur.

— On crie, on clabaude, lui dit-il, contre cette malheureuse platée d'épinards, et ce n'est peut-être pas sans raison. Est-ce qu'on ne pourrait pas supprimer cette scène?

— Très aisément, répondit Pigault ; je t'avouerai même que j'y avais pensé, car je suis las de ce bavardage.

La scène fut donc supprimée : cette condescendance pour le goût du public devait doubler au moins le succès de l'ouvrage, aussi le libraire eut-il soin de l'en prévenir. — L'édition tout entière resta dès lors en magasin.

— Nous avons fait une sottise! disait piteusement le libraire à l'auteur.

— Je m'en doutais ; eh bien?

— Ma foi, rendons aux lecteurs ce plat d'épinards qui semble si fort de son goût.

— De tout mon cœur.

On fit des *cartons*, le libraire annonça bravement qu'il restituait à *l'Enfant du Carnaval* le plat d'épinards dont la critique l'avait expurgé, et il n'en fallut pas davantage pour que l'édition entière s'écoulât fructueusement en quelques jours.

XII

LE PLAT D'ÉPINARDS

Ses succès, comme romancier, n'empêchaient pas Pigault de poursuivre sa carrière d'auteur dramatique. Aux *Rivaux d'eux-mêmes*, charmante comédie dont le succès se soutient encore après quarante ans au Théâtre-Français, il fit succéder *Claudine*, drame en trois actes, dont il emprunta le sujet à l'intéressante nouvelle de Florian. Cette pièce, sur le succès de laquelle l'auteur et le théâtre comptaient également, allait être mise en répétition à la Comédie française; mais les comédiens de ce temps ressemblaient déjà aux grands artistes de nos jours. Fleuri, qui devait jouer le rôle de Belton, mécontent de ce que son personnage ne fût pas le seul brillant de la pièce, éleva des difficultés, demanda des changements, des modifications, que sais-je!

— Chacun son métier, mon ami, lui dit paisiblement Pigault, je ne prétends pas t'enseigner celui de comédien, auquel j'entends pourtant quelque chose; renonce, je te prie, à m'enseigner celui d'auteur, auquel tu n'entendras jamais rien (1).

L'amour-propre l'emporte sur la raison d'ordinaire; Fleuri persista donc à demander des changements; Pigault répondit à ses exigences en retirant la pièce qu'il donna plus tard au théâtre Montansier, aujour-

---

(1) Pigault ne se doutait guère alors que quelque dix ans après la mort de ce célèbre comédien, qui savait lire et écrire à peine, on publierait avec succès de spirituels et ingénieux mémoires fastueusement décorés de son nom.

d'hui théâtre du Palais-Royal. A cette époque, Barba venait d'acheter un drame d'un assez pitoyable auteur nommé Dubasta; il le communiqua à Pigault en le priant de lui en dire son avis.

— Il est détestable, dit Pigault le lui rapportant le lendemain.

— Diable! mais il me coûte douze cent francs

— Cela n'empêchera pas qu'il soit sifflé.

— Ainsi, mes cinquante louis sont perdus!

— C'est présumable : mais je vais te les faire retrouver d'un autre côté en te donnant *Claudine* pour le même prix.

Barba ne marchandait plus avec son ami; la proposition fut acceptée. Le drame de Dubasta fut outrageusement sifflé, et celui de Pigault eut un succès fou.

Cependant, le succès de *l'Enfant du Carnaval* avait alléché l'éditeur, qui encourageait Pigault à faire un nouveau roman. Il commença alors *les Barons de Felsheim*, son meilleur ouvrage sans contredit; il le lisait au fur à mesure au libraire, qui en était enchanté.

— C'est charmant! c'est adorable! s'écria-t-il à chaque nouveau chapitre, combien ferons nous de volumes?

— J'espère aller jusqu'à quatre.

— Tu as raison; mais il faut le temps, et je suis pressé de jouir.

— Que veux-tu que j'y fasse?

— Je pense que nous pourrions en publier deux volumes en promettant la suite incessamment.

— Je le veux bien, si tu y trouves ton compte.

L'éditeur enchanté mit sous presse *les Barons de Felsheim*, et s'associa pour la publication avec un de ses confrères nommé Ouvrier, négociant assez estimable, mais incapable de juger la portée d'un livre et d'en présager le succès. Quel ne fut pas le désappointement des infortunés libraires lorsque le livre, édité avec tout le soin possible à cette époque, n'obtint qu'un succès négatif, et demeura tristement enseveli dans les rayons du magasin!

Le public s'était jeté avec avidité sur les pages comiques de *l'Enfant du Carnaval*, il dédaignait *les Barons*, où l'auteur avait déployé toutes les ressources de sa verve et de son talent.

Le pauvre éditeur était désolé, son sot associé lui reprochait amèrement sa bévue, et Pigault jurait qu'il ne ferait plus de romans.

— Vous avez abusé de ma bonne foi, disait Ouvrier; vos *Barons* ne sont qu'un bouquin qui moisira dans ma boutique.

Impatienté de ses criailleries, Barba offrit de lui rendre l'argent que lui coûtait l'entreprise; il lui donna cent exemplaires en sus : ce marché conclu, il pressa l'auteur de terminer son ouvrage.

— Je m'en garderai bien, disait Pigault, et tu perds assez avec tes deux volumes; restons-en donc là, je te prie.

— C'est justement parce que je perds que je n'en veux pas rester là!

— Et si tu perds de nouveau?

— L'argent que je risque est à moi.

— Il n'y a qu'une voix sur les deux premiers volumes, tu le sais, tout le monde les trouve détestables.

— Tout le monde, oui, excepté les gens d'esprit. Crapelet, l'imprimeur, assure qu'il est impossible que l'ouvrage terminé n'ait pas de succès.

— Diable! l'avis de Crapelet en vaut bien un autre! Allons, je terminerai.

Il se mit à l'œuvre, on imprimait au fur et à mesure qu'il livrait son manuscrit. Enfin, les deux derniers volumes parurent au mois de janvier 1798; l'éditeur en reçut le premier exemplaire broché à cinq heures du matin, et il le lut tout d'une haleine, en chemise et sans feu, par un froid de dix degrés.

Malheureusement... heureusement peut-être, il

... Et écoutant toujours avec délices le récit des gloires de son petit-fils. (Page 158.)

n'y avait pas alors de journaux qui chantassent les louanges d'un ouvrage ignoré, à raison d'un franc vingt la ligne ; la camaraderie, cette moderne invention qui improvise la réputation, n'était pas de ce monde encore. Une production littéraire était nouvelle six mois après sa publication, grâce à l'apathie des critiques qui avaient encore le préjugé de ne donner leur avis qu'après avoir lu. Nos romantiques ont vraiment raison d'appeler leurs pères perruques !

L'éditeur était enchanté du roman qu'il avait en quelque sorte arraché de vive force à Pigault ; mais cela ne suffisait pas, et plus de deux ans s'écoulèrent avant que le public en vînt à partager ce favorable avis. La vogue dès lors, au lieu d'aller décroissant, comme il arrive de nos jours, s'accrut à mesure que le livre se répandit, et c'est ainsi qu'il arriva à sa douzième édition après avoir été dédaigné à sa naissance.

Rien n'encourage comme le succès, et Pigault, revenu de sa fausse honte, écrivit successivement une vingtaine de volumes qui tous obtinrent du public le plus bienveillant accueil. L'éditeur voulut se montrer reconnaissant.

— Mon cher ami, dit-il à Pigault, quand nous serons arrivés à quarante...

— Nous ferons une croix. Penses-tu qu'à présent je vais t'enfanter des romans par douzaines ?

— Je crois que tu en as une bibliothèque dans le cerveau, et je te supplie de les en tirer au plus vite. Au reste, service pour service, au quarantième volume, je m'engage à te constituer une pension de douze cents livres, indépendamment du prix de chaque ouvrage, qui restera fixé entre nous comme par le passé.

— Tu es, ma foi, un honnête homme, et il y aurait conscience à ne pas tenter de te satisfaire.

Il continua donc à écrire, et l'on vit paraître successivement *la Folie espagnole*, débauche de gaieté et d'esprit ; *les Tableaux de société*, qu'un rare talent d'observation distingue ; *Angélique et Jeanneton*, charmante nouvelle, où la plus scrupuleuse rigidité ne trouve pas un mot équivoque ou une situation hasardée. A ces ouvrages, qui attestent assez chez Pigault une rare souplesse de talent et une prodigieuse ressource d'esprit, il en fit succéder dix autres que tout le monde a lus, et dont peut-être la morale forte et pure, tout enveloppée qu'elle est sous une forme rieuse, n'a pas été sans influence sur une génération que peuvent tenter de ridiculiser nos littérateurs frais émoulus des séminaires, mais à laquelle au moins ils ne contesteront pas deux qualités qui leur font au reste peu d'envie, la probité et le courage (1).

M. Barba tint parole, et à partir de la publication du quarantième volume, il acquitta régulièrement les quartiers de la pension qu'il avait promise ; plus tard, il déclara à Pigault qu'elle serait reversible sur la tête de sa veuve. Les choses restèrent dans cet état pendant quinze ans sans qu'il existât d'autre contrat que la parole. Au bout de ce temps, M. Barba dit à son ami :

— Nous nous faisons vieux, cher Pigault, et nous ne savons qui des deux rendra le premier ses comptes : écrivons.

Et l'acte fut écrit.

De son côté, Pigault montra toujours envers son libraire la délicatesse la plus scrupuleuse : à chaque nouveau roman publié, Barba donnait, suivant l'usage, à l'auteur une douzaine d'exemplaires ; tous ceux dont il avait besoin ensuite étaient payés par

---

(1) Ce sont ces ouvrages qu'un feuilletoniste musqué appelait, il y a quelques semaines, les stupides romans de Pigault-Lebrun ! O critique spirituel et ingénieux, que la cassonade et la cannelle des frères Lobigre soient légères aux feuillets de *Barnave* et de *l'Ane mort* !

lui sans qu'il souffrît qu'on lui fît même la moindre remise.

— C'est comme public que j'achète, disait-il si l'on insistait ; je ne fais pas de cadeaux et je n'en veux pas recevoir.

Peut-être avait-il ses raisons pour agir ainsi ; car en général Pigault ne faisait rien à la légère, et Martainville le peignait d'un trait lorsque consulté sur la ressemblance d'un portrait d'Augustin que l'on gravait pour mettre en tête de ses œuvres :

— C'est assez cela, dit le malin journaliste, mais Augustin lui a donné l'air mouton, et il est renard.

Excellent renard toutefois, qui a pu croquer plus d'une poulette, mais qui ne désira jamais les raisins verts et ne flatta pas les corbeaux.

XIII

LA FIN DE TOUT

C'était à la fois un excellent homme et un très mauvais catholique que Pigault-Lebrun, aussi vit-il avec un sentiment d'indignation et de colère la réaction religieuse qui se manifesta dès que Bonaparte eut réinstallé le clergé dans ses honneurs et prérogatives. Un homme qui s'était et tant de fois et si gaiement moqué de l'infaillibilité du pape et de la turpitude des fripons qui feignent d'y croire ; un romancier qui avait ri de si bon cœur de l'immaculation, des reliques, du paradis et des chérubins, ne pouvait voir sans un peu d'humeur les séminaires se remplir, les robes noires pulluler, et la prêtraille ressaisir peu à peu l'autorité et l'influence que la Révolution semblait lui avoir enlevées pour toujours.

Mais la haine de Pigault était de celles qui s'exhalent en épigrammes et en bons mots ; et de sa guerre contre la religion, il n'est resté qu'un manifeste, le *Citateur*, chef-d'œuvre de cynisme religieux, où le sarcasme est prodigué avec une verve intarissable, mais dans lequel la raison est trop souvent remplacée par l'esprit. On a dit de ce livre qu'il est de l'école de Voltaire ; l'analogie est difficile au moins à saisir. Voltaire est déiste, et il faut bien le dire, dans son *Citateur*, Pigault est athée. On a dit aussi que ce livre lui avait été commandé par le gouvernement qui s'effrayait des prétentions du clergé. Si le *Citateur* eût été commandé à Pigault, il est certain, qu'il ne l'eût pas fait ; il était de ces gens qui, en ces sortes de choses, n'obéissent qu'à leur fantaisie ; et, somme toute, Il s'en faut de beaucoup que le *Citateur* soit un livre dangereux. C'est de la discussion où les arguments sont spirituels et gais ; peut-être ne méritaient-ils pas la peine qu'on les réfutât sérieusement, et c'était à coup sûr ce dont l'auteur ne s'inquiétait guère.

Le clergé, cependant, fit grand bruit de la publication du livre, le cardinal Dubelloy, alors archevêque, témoigna vivement le mécontentement que lui causait cette publication ; il prétendit qu'en ne sévissant pas contre l'auteur, le gouvernement montrait une tolérance coupable : le pauvre romancier fut excommunié sans doute, et les hauts dignitaires de l'Eglise, l'état-major, comme disait Pigault, allèrent en corps près de Napoléon, pour lui demander la suppression de l'ouvrage et la punition de l'écrivain.

— Et qu'est-ce donc que ce livre ? demanda Bonaparte étonné de tant d'émoi pour si peu ; que contient-il de si horrible ?

— Oh! sire, l'auteur est un athée qui n'a ni foi ni loi.

— C'est mal à lui, sans doute, mais je ne sache

pas qu'aucune loi oblige ici un homme à croire.

— Sans doute, sire, il lui est permis de se perdre, mais il attaque ouvertement la religion.

— Ma foi, messieurs, c'est à vous de la défendre !

Et cela dit, le grand homme tourna le dos à la députation, qui se retira mal satisfaite et décidée à se venger quand l'occasion s'en présenterait. Cette occasion se fit attendre, mais nous avons vu que, vingt ans plus tard, le clergé gardait encore une sainte rancune dont la congrégation faisait supporter rudement le poids à l'éditeur.

Cette démarche officielle avait fait du bruit dans les salons ; on en racontait les détails, et ce fut par la voix publique que Pigault-Lebrun les apprit, non sans rire un peu du désappointement de ces bonnes âmes qui s'étaient charitablement promis de le faire jeter dans un cul de basse fosse.

Entraîné dans le tourbillon de la littérature et du théâtre, Pigault avait perdu entièrement le souvenir de cette aventure, lorsque, à quelque temps de là, visitant le château de Saint-Cloud, où l'avait fait appeler le comte Regnault de Saint-Jean-d'Angely, avec lequel il avait conservé d'anciennes et familières relations, il aperçut en entrant dans la bibliothèque un exemplaire fraîchement relié du *Citateur*. Il l'ouvrit avec empressement, et ce ne fut pas sans surprise qu'il trouva les marges chargées en plusieurs endroits de notes bienveillantes, écrites au crayon de la main de l'empereur.

Or, maintenant, admirez la faiblesse humaine : cet homme qui se moquait du pape et des saints, qui ne croyait aux délices du paradis non plus qu'aux peines de l'enfer, ce malheureux auteur d'un livre qui peut être regardé comme le *vade-mecum* de l'athée, Pigault Lebrun croyait au magnétisme. Il croyait fermement, de bonne foi, à la seconde vue des somnambules et non seulement toutes ces billevesées étaient pour lui une vérité incontestable, mais il s'était fait l'apôtre de cette espèce de religion ; il publiait des écrits pour la propager et la défendre; il la soutenait envers et contre tous. Une aventure singulière avait puissamment contribué à rendre sur ce point la foi de Pigault une des plus robustes qui se pût rencontrer. Il était à Valence depuis quelque temps et s'occupait de magnétisme. Un soir, il avait endormi une somnambule, et il se disposait à la réveiller, après lui avoir adressé quelques questions auxquelles elle avait répondu d'une manière satisfaisante, lorsqu'un des spectateurs le pria de lui demander ce qui se passait en ce moment sur le pont Neuf, à Paris ; elle répondit aussitôt à la question transmise par Pigault :

— Un jeune homme se précipite du haut du parapet dans la Seine! je le vois.

— Vous le voyez bien distinctement.

— Sans doute... Il reparaît... On lance des batelets à son secours... Ils vont l'atteindre... Il est sauvé !

Il s'écoula quelques minutes, pendant lesquelles les chuchotements et les rires étouffés témoignaient assez de l'incrédulité de l'auditoire. Sur une nouvelle question de Pigault, elle ajouta :

— Le voici à terre : c'est un jeune homme de vingt ans, d'une mise élégante et recherchée. Il n'est pas même évanoui. Le voilà qui marche sur le terre-plein, mais on ne le quitte pas.

Lorsque la somnambule fut réveillée, Pigault lui demanda si elle se souvenait de ce qui s'était passé sur le pont Neuf; mais elle parut fort surprise, elle ne savait ce que c'était que ce pont dont on lui parlait, et, informations prises, le magnétiseur acquit la certitude que cette femme n'avait jamais été à Paris. La chose était surprenante, elle pouvait cependant s'expliquer par quelque tour de passe-passe; mais voici le surnaturel: trois jours après, le *Journal de Paris* arrive (on le lisait encore alors), Pigault s'arrête avec surprise à un article qui contient la relation d'une tentative de suicide ; il lit, se frotte les yeux, relit encore ; le doute n'est plus possible ; le récit que fait le journaliste est de tout point conforme à celui de la somnambule ; l'âge du jeune homme, l'heure, le lieu, le costume, la manière dont il a été sauvé, tout est d'une exactitude rigoureuse. Explique qui pourra cette aventure ; car Pigault avait horreur du mensonge et nous la lui avons entendu raconter dix fois avec une émotion que l'on ne pouvait certes mettre sur le compte d'une extrême crédulité.

Au milieu de sa vie d'artiste, Pigault malgré la franchise de son caractère, avait conservé des relations de courtoisie, d'amitié presque, avec un assez grand nombre de personnages parvenus au faîte de la puissance depuis l'établissement du nouveau gouvernement. L'un d'eux était Jérôme Bonaparte, ce frère de l'empereur dont le court règne en Westphalie n'a laissé, grâce à son apathie, ni grands souvenirs, ni profonds regrets. Avant de parvenir à la dignité suprême, Jérôme menait à Paris la joyeuse vie d'un riche héritier de famille ; et c'était dans vingt lieux de plaisir qu'il s'était lié avec le romancier à la mode. Pigault, on le sait, était un joyeux convive et un bon camarade de viverie ; il devait à ces deux qualités l'estime sincère de Jérôme, dont il avait cavalièrement emprunté le nom pour en baptiser un de ses plus amusants ouvrages.

Le soir même du jour où le jeune fou venait d'apprendre à quelles hautes destinées l'appelait l'affection d'un frère tout-puissant, il rencontra Pigault et M. C... à la sortie du théâtre Montansier.

— Parbleu ! messieurs, je suis ravi de vous rencontrer, leur dit-il, vous savez la nouvelle : je suis roi de Westphalie.

— Sire, nous nous estimons heureux d'être les premiers à...

— Qu'est-ce ? mes amis, des compliments... sire...

des phrases musquées... J'aurai assez le temps d'en entendre. Vous me donnerez de la Majesté tant qu'il vous plaira... mais plus tard... ailleurs... Vivons encore quelques jours ; encore un peu d'élan ! une heure de joie... Allons souper d'abord ; que ce soit à table du moins que nous arrosions joyeusement ma couronne.

Il n'y avait pas à refuser la partie ; déjà placé entre les deux amis, il avait pris un bras à chacun et l'on était devant la porte de Mehaut ; en un instant la table est couverte d'un souper de roi.

On bavarde, on rit, on dit de ces folies si bonnes à brûle-pourpoint, et le champagne, en pétillant, ajoute à l'expansion d'un amitié qui menace de n'avoir plus de bornes au dessert.

— Mes amis, dit enfin Jérôme, dont le cœur s'exalte à mesure que sa tête se perd, si vous y consentez, nous ne nous quitterons plus. Je veux que nous offrions à ma cour le touchant tableau d'une amitié antique et sincère. Toi, C.... tu seras mon secrétaire des commandements ; toi, Pigault, tu aimes peut-être les livres quoique tu en fasses, je te nomme mon bibliothécaire.

La proposition acceptée se ratifie avec le champagne et se scelle de quelques bols de rhum.

A quelle joyeuse orgie la satiété ne vient-elle pas mettre un terme ? A deux heures après minuit, les trois amis songent à faire retraite. Le nouveau roi se lève, triomphant comme Bacchus vainqueur des Indes, et demanda la carte en tirant de sa poche une bourse que, par malheur, il a négligé de garnir par anticipation sur les fonds de sa future liste civile. La carte s'élevait à plus de deux cents francs ; les deux amis de Jérôme eussent bien voulu lui être en aide dans cette circonstance, mais il les avait saisis à l'improviste, et comment faire à une telle heure de la nuit ? Après une courte mais mûre délibération, on se décide à faire monter Mehaut, et à lui exposer la gravité du cas où l'on se trouve.

C'était un traiteur de bonne compagnie que ce regrettable Mehaut, et il prit au mieux la chose. Ce n'était pas la première fois que d'aimables étourdis se trouvaient avec lui dans ce cas, aussi se contenta-t-il de demander poliment le nom et la qualité de chacun de messieurs les convives.

— Vous pouvez être sans crainte, répondit d'abord M. de C..., je suis le secrétaire des commandements de Sa Majesté le roi de Westphalie.

Le restaurateur ouvrit de grands yeux, et se tournant vers Pigault :

— Et vous, monsieur? dit-il.

— Moi, je suis le bibliothécaire du roi de Westphalie.

C'était le temps où florissait le célèbre mystificateur Musson; l'honnête Mehaut commença à croire qu'il avait affaire à des fripons, ou tout au moins à de mauvais plaisants; et fronçant le sourcil en montrant du doigt Jérôme, qui le regardait ébahi :

— Et ce grand flandrin que voici, c'est sans doute le roi de Westphalie?

— Lui-même, s'écria Jérôme en se levant tout disposé à payer à la fois sur les épaules du traiteur la carte et l'épithète insolente.

— Ah! c'est parbleu trop fort, dit Mehaut en s'élançant vers l'escalier, moquez-vous de moi si vous voulez, mais je veux voir si vous vous moquerez de la police.

Jérôme commençait à réfléchir aux conséquences probables de cette folie.

— Restez, restez, de grâce, dit-il en courant après Mehaut; ma montre vaut dix fois la somme, je vais vous la laisser de grand cœur. Et aussitôt il remit entre les mains du traiteur une montre magnifique qu'il tenait de l'amitié de l'impératrice Joséphine, et sur laquelle se trouvait son chiffre en brillants.

Les trois amis étaient sortis à la hâte, et respiraient déjà de cette alerte, lorsque Mehaut, qui avait examiné la montre, ne doute pas qu'elle ne soit volée ; il s'empresse de la porter chez le commissaire du quartier ; celui-ci, qui reconnaît le chiffre impérial, court chez le préfet de police, le préfet chez le ministre, le ministre chez l'empereur. L'empereur était à Saint-Cloud.

Le lendemain, Jérôme reçoit à la fois l'ordre de partir sur-le-champ pour la Westphalie et la défense de nommer à aucun emploi avant d'être arrivé dans sa capitale.

Quant à Pigault, il se consola facilement de n'être pas bibliothécaire de Sa Majesté westphalienne, et à quelque temps de là il accepta, dans l'administration des douanes, un modeste emploi qu'il conserva jusque dans ses dernières années. C'est à partir de cette époque qu'il commença à se consacrer tout entier à l'éducation de ses enfants, qui faisaient sa joie, et à mener une vie calme et retirée, dont un cruel chagrin domestique vint seul altérer la douceur. Son fils, militaire distingué, brave, aimable, était parvenu, dans un temps où il y avait peu de place pour la faveur, au grade de chef d'escadron, et promettait de fournir la plus brillante carrière, lorsqu'il eut le malheur de succomber dans une affaire d'honneur. Pigault, au désespoir, quitta Paris, et se retira à Valence, auprès de sa fille chérie, qui avait épousé un des avocats les plus distingués du barreau lyonnais. Déjà, depuis longtemps, il ne s'occupait plus de romans, et toutes ses études, tous ses soins s'étaient concentrés dans un immense travail qui parut plus tard sous le titre d'*Histoire de France philosophique et critique ;* la publication, poussée jusqu'au règne de Louis XIV, fut abandonnée au septième volume, bien qu'elle eût été constamment remarquable par la conscience et l'érudition ; peut-être Pigault craignait-il que les vérités qu'il eût été forcé de dire dans les volumes suivants ne lui attirassent des persécutions qui eussent désolé sa famille.

Plus tard il revint à Paris, et ce fut à la Celle, près Saint Cloud, qu'il passa les derniers jours de sa longue et honorable vie. Nous devons à la plume élégante et facile d'une des personnes le plus intimement liées avec sa famille des détails pleins de charme et d'intérêt sur les derniers moments de cet homme de bien, que nous n'avons pas eu le bonheur de voir nous-même à ses derniers moments :

« Pigault-Lebrun est mort (vendredi 24 juillet 1835), dans sa petite maison des champs, entouré de ses petits-enfants, de son excellente femme et de sa fille chérie. Son gendre et ses amis l'ont conduit au dernier gîte, au cimetière de campagne, où le vent sème l'herbe et les fleurs que le soleil dore de ses rayons. Un silence profond et lugubre a été le seul adieu de ceux qui le perdaient, et ils sont venus cacher leurs larmes dans le petit salon où l'œil bon et riant du père Pigault ne donnera plus la bienvenue à chaque arrivant, où son ton brusque et bienveillant à la fois n'arrêtera plus l'élan de la petite fille étourdie, prête à tomber de sa chaise, où ses éclairs de gaieté n'animeront plus la causerie du coin du feu.

» Pigault, l'auteur, avait cessé de produire ; ceux qu'il avait fait rire en leur jeunesse le croyaient mort il y a longtemps. Sa verve comique et quelque peu débordée avait été détrônée par les lugubres productions de nos jours! Mais Pigault, le bon père, le bon mari, l'aïeul tendre et passionné, l'excellent ami, l'homme de cœur, de bon conseil, d'âme humaine et compatissante, celui-là vivait encore il y a quelques jours : je l'ai connu et aimé comme l'aimaient tous ceux qui l'approchaient.

» Il n'y a pas six mois encore que, plein de vie et de gaieté, il se rencontra à une petite réunion d'amis avec l'aide de camp, l'émule de Kosciuszko,

» Les deux vieillards s'interrogèrent d'une façon naïve et affectueuse sur leur âge. Newrawicz accusa soixante-seize ans.

» — Je suis votre aîné de plus de cinq ans, reprit en riant le père Pigault. Ah ! prenez-en votre parti, je ne vois plus partout que des cadets.

» — Vous ne savez pas, lui dit alors le Polonais avec une gracieuse bonhomie, vous ne savez pas quelle obligation je vous ai, vous m'avez fait rire jusque dans les cachots de la Russie.

» — Vraiment ! c'est la meilleure actio nde ma vie.

» Et la physionomie de l'auteur s'éclaira d'une expression de bonté joyeuse faite pour tout purifier. Cet homme que ses écrits, composés sous la double inspiration de la jeunesse et du tourbillon des événements, ont pu faire accuser d'immoralité par des gens qui les comprenaient mal ou avaient besoin d'en médire, avait des habitudes toutes patriarcales, des amusements d'une simplicité enfantine. Il s'associait avec délices aux plaisirs de ses petits-enfants. Après avoir fait répéter les leçons de son petit-fils, il lui bâtissait un paysage tout entier dans une caisse sur sa fenêtre, à Paris. C'étaient des champs de graine de lin fleuri, des rochers de coquillages dont le pied baignait majestueusement dans un lit de terre glaise et de mousse. De ce bassin, à l'inexprimable joie de l'enfant et du vieillard, s'élevait et retombait en cadence un jet d'eau ingénieusement disposé, et de petits poissons rouges se coudoyaient dans une mer trop étroite pour eux.

» Ecolier en son temps, à Boulogne-sur-Mer, assommé de rudiments, de livres de classe, tous ennuyeux à son avis, Pigault s'avisa de remarquer un jour que cette artillerie de science partait toute d'un même arsenal. C'était chez la veuve Brocard, rue Saint-Jacques, n° 30, que se fabriquaient tous ces instruments d'ennui. « Veuve maudite, se dit l'es-
» piègle, je te revaudrai mes pensums, mes retenues et

» tous les tours que tes tristes livres m'ont joués. »
Rassemblant alors thèmes, versions, verbes, grammaires, le travail de cinq ans de classes, il fait du tout un monstrueux paquet, et, profitant d'un jour de promenade, il lance à la poste, à l'adresse de la veuve Brocard, le produit de ces maudits livres. Voilà la plus noire malice qu'il me souvienne avoir ouï conter au père Pigault.

» Étendu sur son lit, en proie à la chaleur du jour et de la fièvre, il conservait une expression calme et résignée quoique triste. — Il attendait, disait-il à demi-voix, que ce fût fini. — Et c'est long, ajoutait-il tous bas en me serrant la main. Il demanda à dire adieu à son petit-fils, qu'on envoya chercher aussitôt au collège.

» Il y a un an à la même époque, il vint chez moi dès sept heures du matin; il pleurait, mais de joie.

» — Je crains de vous déranger; mais c'est que j'ai une grande nouvelle : notre enfant, notre Émile, a un second prix de version grecque!

» Et, laissant la parole à sa fille, il s'assit la tête appuyée sur sa canne, ses yeux brillants au milieu de ses rides, et écoutant toujours avec délices le récit des gloires de son petit-fils (1).

» — Et, vous ne savez pas, j'ai quelque chose à vous demander; il me faut du carton; j'en ai cherché chez moi de la cave au grenier; en avez-vous?

» Je trouvai à grand'peine un vieil almanach. — Voilà mon affaire. Avec le prix il y a une couronne : je veux que ma fille peigne là-dessus des fleurs, puis au milieu on écrira : « Deuxième prix de version grecque remporté au concours général le 30 juillet 1834. » On ne mettra pas de nom, à quoi bon? Qui ne devinera en voyant la couronne pendue à mon chevet? Je la verrai là tous les matins en attendant un premier prix.

(1) Émile Augier, *membre de l'Académie française.*]

» Hélas ! ce grand prix, il est venu vingt-quatre heures trop tard. Arrivé à temps, cette nouvelle eût fait mourir Pigault de joie ; le destin lui devait cette mort. »

. . . .
. . . .

Pigault-Lebrun venait d'expirer ; ses dépouilles mortelles n'étaient pas encore refroidies ; tous les journaux, en annonçant cet événement, avaient jeté quelques fleurs sur la tombe de cet excellent homme, dont le seul tort, dans le cours de sa longue vie, avait été de faire rire deux générations aux dépens des hypocrites et des fripons. Un seul écrivain eut l'ignoble courage de venir jeter de la boue sur le cercueil encore ouvert de ce bon, de ce généreux et spirituel vieillard.

Or, il faut savoir qu'il y a parmi le monde un feuilletoniste qui, à l'aide d'une douzaines de phrases que l'on pourrait stéréotyper à son usage, a la prétention de ressusciter Sterne et l'abbé Geoffroy. Cet écrivain, qui n'a rien produit malgré ses courageux efforts pour enfanter quelque chose qui eût apparence de feu et de vie, cette précieuse en bottes fines et en pantalon collant, se trouvant le cœur et la tête vides, se prit un jour d'une sainte colère contre les gens qui ont quelque chose là où il n'a rien, et, faute de mieux, se promit bien de vivre au moins de leur substance et de se bâtir une petite réputation des débris de vingt réputations détruites. Dès lors il cria haut et fort, de sa faible voix de fausset, qu'il était un feuilletoniste redoutable, un critique de bon aloi, un journaliste sans égal ; quelques sots le crurent sur parole. Une pauvre feuille ignorée, qui depuis vingt ans se tire à cinquante exemplaires, lui ouvrit ses plates colonnes, et là il fit l'essai de ces richesses pailletées qu'il avaient ramassées de toute part ; et, mettant bravement en pratique le système de M. Jourdain, il les disposa, transposa, vocalisa de cent manières. Il y a de cela quelque douze ans, et depuis il n'a pas fait autre chose, transportant sa machine à phrases heurtées de l'imprimerie du *Courrier des théâtres* dans l'imprimerie de la *Quotidienne*, de là dans celle du *Figaro*, puis dans l'officine de la rue des Prêtres enfin, où elle fonctionne aujourd'hui pour la plus grande gloire du *Journal des Débats*.

Voilà l'histoire de cet écrivain illustre, qui fit *Barnave*, et l'*Ane mort*, et *Debureau*, délicieuses productions passant trop rapidement des magasins du libraire au comptoir des frères Lebigre, ex-épiciers, rue de la Harpe, n° 46. Voilà par quoi se recommande ce preux critique, qui écrit quelques heures après la mort de Pigault que les ouvrages de *cet homme* sont de *stupides productions;* et, comme si ce n'était pas assez d'insulter à la mémoire d'un vieillard, il s'applique à en flétrir deux d'un même trait de plume. Pigault-Lebrun et Dulaure sont morts en même temps : quelle bonne fortune pour le feuilleton ! L'auteur de *Debureau* va prendre le cadavre de ces deux hommes qui ont produit, et quand il s'est bien assuré que le cœur ne leur bat plus, il les frappe brutalement au visage, il les traîne dans la fange, il ameute contre eux les passants ; et de la gloire, de la réputation, de la vie de ces hommes qu'il sacrifie, il fait un feuilleton à propos d'une mauvaise pièce de théâtre (1).

Ah ! monsieur l'abbé des *Débats*, délicieux abbé des ruelles, si nous ne respections pas plus les morts que vous ne faites, nous montrerions ici les quelques pages que vous avez jointes aux livres que décore votre illustre nom ! Ce n'est pas vous assurément qui auriez écrit l'*Enfant du Carnaval* et les *Barons de Felsheim;* ce n'est pas vous qui eussiez fait l'*Histoire de Paris* nous le savons tous vraiment bien, c'est peine perdue de vous en défendre. Il y a de l'es-

(1) *Journal des Débats*, du 24 août 1835.

prit dans les romans de Pigault, de la verve, de la gaieté ; ils sont écrits d'un style facile. Il y a de la science dans l'*Histoire de Paris*, de la probité, de l'étude ; sur ce point chacun est d'accord. Eh ! qu'y a-t-il dans vos chétives œuvres, monsieur l'abbé ?

Pigault-Lebrun, dites-vous, attaquait sans cesse le clergé, qu'il détestait... Mais vous n'avez donc pas parcouru ces pauvres livres dont vous dites tant de mal ? Pigault, monsieur, ne détestait que les hypocrites, il les tympanisait, il les harcelait, il les marquait au front : voilà ce qu'il faisait, l'honnête et joyeux romancier ; c'est ainsi qu'il traita jadis l'abbé Geoffroy, et je sais bien comme il vous eût traité vous-même si vous eussiez écrit de son temps ; mais du moins n'attendait-il pas qu'ils fussent morts pour leur arracher le masque dont ils essayaient de couvrir leurs turpitudes et leur haine.

Vous voulez bien que l'on pardonne à Pigault, *parce qu'il ne savait ce qu'il faisait.* Il savait, monsieur, qu'en attaquant les hypocrites et les sots, il se faisait d'irréconciliables et nombreux ennemis, et cela ne l'arrêtait pas. Mais ce qu'il ne pouvait savoir, parce que son cœur était généreux et son âme honnête, c'est qu'à propos de sa mort, le feuilleton des *Débats* accueillerait une oraison funèbre dictée par la mauvaise foi et la haine. Que Dieu vous le pardonne, monsieur ! vivez dans l'espérance qu'un pareil malheur n'arrivera pas à l'auteur du Théâtre à quatre sous, car il y aura longtemps qu'il sera mort quand il rendra le dernier soupir.

26 août 1835

JE VOUS AIME DE TOUT MON CŒUR

Il y a deux langues dans ce monde, celle de la franchise, que tout le monde entend ; celle de la dissimulation, que chacun cherche à deviner, et sur laquelle chacun se trompe, après y avoir été pris vingt fois.

On ferait de gros volumes sur l'abus des mots, si on avait le temps de prendre note des mensonges continuels que l'usage arrache aux *plus honnêtes gens*, ou si la fausseté du moment ne faisait oublier celle qui a précédé. Mais, après tout, à quoi bon faire des livres? Ont-ils jamais converti personne? Le diable n'est-il pas plus persuasif que tous les raisonnements nés et à naître, et loin de chercher à le combattre, l'homme n'a-t-il pas poussé l'absurdité jusqu'à lui élever des autels? Qu'était Plutus? Le diable. Vénus et M. son fils? Le diable. Mars? Le diable le plus diable. Minerve? Oh! grâce pour celle-là, d'autant mieux que ses temples n'ont jamais été très fréquentés. N'affligeons pas la bonne déesse de toutes les manières.

On nous dit, on nous répète que Plutus, Vénus et Mars sont des dieux ou des diables du paganisme, et que nous devons les avoir en horreur. Hélas! jamais leur culte ne fut plus répandu. Plutus se loge partout où il aperçoit un palais; il n'est pas de coin dans Paris où ce fripon d'Amour n'ait une petite chapelle; et tous nos jeunes gens veulent avoir le pot en tête et la dague au côté. O païens, infâmes que nous sommes!

Mais où vais-je m'égarer à propos de l'abus des mots? Revenons, revenons bien vite à la place modeste que la nature m'a assignée.

Je ne suis pas intéressé, et puis *j'aime les hommes de tout mon cœur*. Mais je tiens à ce qui m'est dû; je dois, et pour que je puisse payer, il faut que l'on me paye.

Je vais chez un ami intime à qui j'ai prêté de l'argent sur une simple reconnaissance : prend-on des sûretés avec un ami? Il me propose de déjeuner; j'accepte : le vin versé par un ami paraît toujours meilleur. En croquant le martin-sec arrosé de vieux chambertin, je parle de mes dix mille francs. « Ah! mon cher ami, jugez du chagrin que j'éprouve de ne pouvoir me rendre à vos désirs. Je n'ai pas un sou en caisse, et je suis forcé de représenter. J'emprunte tous les jours à des gens que je n'aime pas du tout, et à qui je suis forcé de rendre. Mon cher ami, prêtez-moi dix mille autres francs; vous ne pouvez mieux les placer : vous savez que *je vous aime de tout mon cœur*. — Mon cher ami, il faut que j'en paye douze demain, et je comptais sur vous. » Mon cher ami fronce le sourcil; il fait un signe à son domestique; son domestique lui dit d'un air gauche et bête que madame la comtesse a déjà envoyé trois fois. Mon cher ami me dit qu'il ne peut faire attendre madame la comtesse, qui *l'aime de tout son cœur*, et mon cher ami est borgne, bossu et boiteux. Il prend son chapeau et sa canne, et me laisse avec son valet. Je sors : c'est ce que j'ai de mieux à faire.

Je rencontre dans la rue l'homme au douze mille francs. Il m'aborde d'un air franc et ouvert. « Je suis enchanté de vous rencontrer, uniquement pour le plaisir de vous voir, car vous n'avez pas oublié que c'est demain qu'échoit la lettre de change que vous avez passée à mon ordre. » Je rougis, je pâlis, je balbutie; je lui raconte ce qui vient de se passer chez l'homme qui est obligé de représenter. « Voilà qui est très malheureux, me dit-il. Mais j'ai moi-même des engagements à remplir. Si vous ne payez pas demain, je ferai protester, je vous poursuivrai au tribunal de commerce, et j'en serai au désespoir, car *je vous aime de tout mon cœur.*

Ce misérable a cinquante mille livres de rente, et n'en dépense pas dix par an. Mais que répondre à quelqu'un qui s'exprime aussi clairement? Je ne me soucie pas de faire un semestre à Sainte-Pélagie; il faut que je m'exécute. Je fais porter au *mont-de-piété*, qui n'a rien de pieux, les bijoux de ma femme et ma vaisselle, et cela parce que l'un ne veut pas me payer et que l'autre veut l'être, quoique tous deux *m'aiment de tout leur cœur.*

Il est très pénible pour un homme qui pense de mettre ses effets en gage. Cependant j'ai toujours cru que lorsque le malheur nous poursuit, et que nous ne pouvons plus lui échapper, il ne nous reste qu'un parti à prendre : c'est de nous retourner et de lui rire au nez. Afin de lui échapper ou de rire, je laisse madame à la maison. Une jeune femme, qui a des talents trouve toujours quelque moyen de dissipation, et je me décide à aller demander à dîner à un jeune homme marié depuis six mois à une demoiselle qui l'idolâtrait. J'ai contribué à faire ce mariage; j'ai été à la noce; j'ai fait l'épithalame; j'ai pris la jarretière de la mariée; je suis sûr d'être bien reçu.

On m'accueille comme un vieil ami. La petite dame fait quatre pas au-devant de moi. Elle me présente son menton; parce qu'elle met du rouge, quoiqu'elle n'en ait pas besoin. Je baise ce menton aussi haut qu'il m'est possible ; le mari me serre la main ; un joli officier me salue d'un air froid ; quelques bons hommes me demandent si l'usage des œufs sera permis ce carême ; on se met à table.

Le bon vin circule ; la conversation s'égaye ; on oublie les malheurs publics et particuliers. La petite dame m'avait placé à sa droite ; le joli officier était à sa gauche. Je ne sais trop ce qui se passait sous la table ; mais je recevais de temps en temps des coups de genou, dont mon amour-propre était tenté de se faire les honneurs. Il y avait heureusement devant moi une glace, qui a dissipé en un clin d'œil toutes mes illusions. Je me suis rendu justice, et ne pouvant être acteur, je me suis amusé à faire le tacticien. J'ai bientôt remarqué que ces coups de genou, qui d'abord avaient flatté ma vanité, n'étaient que des ricochets qui me venaient de M. le capitaine. S'il frappe partout, me disais-je, aussi vigoureusement qu'à table... je plains les ennemis.

Au moment où on passe au salon pour prendre le café, on annonce un bijoutier. « Ce n'est pas le moment s'écrie l'époux avec humeur. — Ce l'est toujours, mon ami, de voir de jolies choses. — Mais, ma femme !... — Mais, monsieur ! — Faites entrer, puisque madame le veut.

» — Oh! mon ami, les jolies boucles d'oreilles ! la charmante bague ! — Eh ! madame, vous avez de tout cela à ne savoir qu'en faire. — Mon bon ami, mon cher ami, *je vous aime de tout mon cœur;* ne me refusez pas ces bagatelles-là. » Elle embrassait son mari avec une affection si vraie !... Mais elle avait passé une main derrière elle, et j'ai surpris le capitaine qui la baisait avec transport: elle a la main fort jolie, cette petite dame-là. Elle s'est aperçue que j'apercevais ce manège, et elle est partie d'un éclat de rire. « Comment trouves-tu M. de Saint-Albin, qui me baise la main pendant que tu m'embrasses ? — Ah ! c'est très plaisant madame. — Revenons, mon ami, aux boucles d'oreilles et à la bague. — Mais quelle enfance, ma chère amie ! — Tu résistes encore ! ne t'ai-je pas dit que *je t'aime de tout mon cœur?* — Cela est fort bien, madame ; mais... — Tiens, mon ami, composons ; je me contente des boucles d'oreilles, » et elle les tire de l'écrin. « M. de Saint-Albin part après-demain pour sa garnison ; tu es son ami ; je veux qu'il emporte un souvenir. » Elle prend la bague, et la passe au doigt de l'officier. Le mari fait la moue ; il réfléchit un moment ; il juge sans doute qu'il ne lui conviendrait pas de paraître économe en présence de dix personnes ; il paye, et quelques minutes après, sentant peut-être la sottise qu'il a faite, et voulant l'excuser, il nous dit du ton le plus sentimental : « Comment refuser quelque chose à une femme qui *m'aime de tout son cœur?* » L'officier sourit ; je lève les épaules ; les autres ne voient rien, ne pensent à rien et boivent de toutes les liqueurs. Je sors.

Lorsqu'on a des effets en gage, on ne peut les en retirer que par deux moyens : diminuer sa dépense, ou ajouter à ses revenus. Je ne donnerai plus à dîner, je dînerai chez les autres. Je demanderai une place, et je l'obtiendrai : on en donne à tout le monde. D'ailleurs j'ai été l'ami de cœur d'un pauvre diable redevenu grand seigneur, et très certainement je n'aurai qu'un mot à lui dire.

Je vais chez mon ami le grand seigneur. Un monsieur, couvert d'or et portant une épaulette de colonel, me dit que Son Excellence n'est pas visible. Je demande la permission d'écrire un mot à Son Excellence. M. le colonel m'invite à entrer chez lui. Je réponds par une profonde inclination ; j'entre et je vois que je suis chez le portier de mon ami.

J'écris sur un carré de papier, grand comme une carte à jouer ; je tutoie Son Excellence, et je signe : *Ton vieil ami.* Le portier, qui sait lire, me comble de civilités. Il court, aussi vite que le permettent son triple menton et un ventre qui tombe sur ses genoux. Il remet mon billet à un domestique, qui le passe à un autre, celui-ci à un troisième. Un quatrième descend l'escalier en deux sauts ; il vient à moi ; monseigneur m'attend.

Je suis introduit. Mon ami vient au-devant de moi. Il a le sourire sur les lèvres, la satisfaction dans les yeux. Il me prend la main ; il me force à m'asseoir ; il m'adresse les choses les plus obligeantes. Il est fâché de ne m'avoir pas prévenu. Mais le fardeau des affaires est si pesant! Il regrette d'avoir été si longtemps sans me voir. C'est ma faute. Pourquoi ne me suis-je pas présenté plus tôt? Il présume que j'ai quelque chose à lui demander, et je peux compter sur ses services.

Je parle d'une petite place vacante de dix à douze mille francs. Il me permet à peine de finir. « Vous aurez cette place, mon ami, vous l'aurez très certainement. Qui convient mieux pour la remplir qu'un homme que *j'aime de tout mon cœur?* Passez demain chez le ministre de ***. »

Voilà un brave homme, pensais-je en me retirant : les honneurs et l'opulence ne lui ont pas ôté la mémoire.

Je cours le lendemain chez le ministre. Monseigneur n'est pas visible. On me conduit de sa part chez un chef de division, qui me renvoie à un sous-chef, qui me renvoie à un commis, qui m'apprend que la place que je sollicite a été donnée hier soir, à la demande de mon ami le grand seigneur, au frère d'une danseuse de l'Opéra.

Je suis outré, furieux ; je retourne chez le colonel-suisse-portier, et je jette feu et flamme. Le portier-suisse-colonel veut me mettre à la porte. Je résiste, il fait venir la garde. On me conduit chez le commissaire de police, qui m'apprend qu'il faut parler bas chez un grand seigneur, à peine d'être mis en prison. Je me le tiens pour dit. Je rentre chez moi, et je répète dans l'amertume de mon âme : « L'ingrat! le

fourbe ! il me pressait la main en me disant avec effusion : *Je vous aime de tout mon cœur.* »

J'évite les hommes ; je me borne à la société de ma femme, que j'ai tirée de la médiocrité, qui est bonne, sensible, reconnaissante, et qui *m'aime* vraiment *de tout son cœur.* La vie sédentaire ne me vaut rien, dit-elle. Elle me prie, elle me presse de prendre le grand air, de faire un peu d'exercice ; sa santé tient à la conservation de la mienne. Je cède à ses instances ; je sors lorsqu'elle me fait observer que le temps est serein ; qu'un soleil bienfaisant me pénétrera de ses rayons.

Je passe un jour au Palais-Royal. J'achète un fort joli pâté, que je me promets de manger avec ma femme, et comme il n'est pas commode de se promener avec un pâté sous le bras, je rentre aussitôt.

Sur le même carré que moi loge un assez beau garçon, qui semble épier toutes mes démarches. Je n'aime pas les espions, et je ne veux pas que celui-ci sache que je vais manger un pâté. Je monte par l'escalier dérobé, dont j'ai toujours une clef dans ma poche, et je trouve... ô mon Dieu ! je trouve le voisin et ma femme... occupés à m'imprimer un caractère indélébile.

Je fais du bruit, et cela est assez naturel. Ma femme me dit froidement que le soin de ma santé exige que je sorte ; qu'elle ne peut, sans ses diamants, se montrer décemment en public, et que pendant mes absences, il faut bien qu'elle passe le temps à quelque chose. Ces raisons ne me paraissent pas convaincantes ; je tempête, je menace ; ma femme m'atterre, et me ferme la bouche avec ces mots :
« Eh ! tant d'autres le sont qui valent mieux que vous ! »

Quelle suite d'événements et de revers occasionnés par des gens que *j'aimais* ou qui *m'aimaient de tout leur cœur !* Cette phrase serait-elle vide de sens ? n'est-elle qu'une de ces vaines formules qu'on prodigue à tort et à travers ? Ma foi, j'en ai peur... mais non, non.

A MADAME ***

Je vois une figure empreinte
Du charme heureux de la candeur ;
Dans ces yeux remplis de douceur,
L'âme la plus sensible est peinte.
De l'aimable folie une légère teinte
Fait valoir chaque trait d'un esprit enchanteur.
Ah! c'est à vous qu'on peut dire sans feinte :
Je vous aime de tout mon cœur.

MA MAISON DE CAMPAGNE

Et moi aussi, j'ai fait mes affaires. Je les ai faites avec loyauté, et personne au monde ne peut me redemander un écu. Je n'ai pas d'enfants, et je laisse mon fonds à mon premier commis, qui entend très bien son commerce, qui a contribué à faire prospérer le mien, et à qui je dois de la reconnaissance. J'aurai un logement commode au Marais; je préfère ce quartier-là, parce qu'il est tranquille : je n'aurai plus la tête cassée par le bruit des carrosses.

Là j'aurai pour promenade la place Royale, que j'aime parce qu'elle est solitaire : où il y a foule on ne se promène pas.

Pour passer mes soirées, j'aurai l'ami Habard, qui est aussi celui de ma femme, qui fait grand cas de mon vin blanc, et qui joue fort bien au trictrac.

Voilà mes arrangements pris pour l'hiver et pour la ville. Mais cela ne suffit pas. A un certain âge il faut de l'exercice. Je veux que celui que je prendrai soit salubre, facile et peu fatigant. J'aurai une maison de campagne, assez près de Paris pour n'avoir pas besoin de voiture pour m'y rendre, pas assez éloignée pour que je sois las en y arrivant.

L'ami Habard prétend que, pour n'être pas trompé, je dois consulter un architecte. On vend, dit-il, des maisons de bois plâtré pour des maisons en pierres de taille, et de vieilles maisons pour des neuves, parce qu'on les a fait badigeonner, qu'on a remis les croisées et les portes en couleur, et qu'on a collé des papiers neufs sur les murs. L'ami Habard pourrait bien avoir raison. Je n'ai jamais fait de dupe, je ne dois pas l'être. Je vais chez un architecte, par la raison que c'est à celui qui a besoin de l'autre à l'aller trouver.

Il n'est pas très affable ce monsieur-là..... Ah! il se déride, il devient poli jusqu'à m'embrasser. Je n'ai pas plutôt prononcé le mot *maison*, qu'il m'avance un fauteuil, dans lequel je m'enfonce jusqu'au épaules; il veut absolument que je déjeune avec lui. Il m'est assez égal de déjeuner là ou ailleurs; j'accepte le déjeuner de l'architecte.

En déjeunant, je lui explique à peu près ce que je veux. « J'y suis, monsieur, me dit-il. Il vous faut par bas, salle à manger, office, salon, salle de billard, bibliothèque et boudoir; cuisine, lavoir, bûcher, écuries et remises. — Monsieur, mon grand-père et mon père, qui me valaient bien, n'avaient pas de salon; je m'en passerai comme eux. Je n'aurai pas de bibliothèque, parce que la mienne est composée de cent volumes choisis, qui me suffisent, qui suffiraient à bien d'autres, et cela se met partout. Je n'aurai pas de boudoir, parce que ma femme, l'ami Habard et moi ne boudons jamais. Je n'ai pas besoin d'écuries ni de remises, parce que je suis dans l'usage de voyager par la galiote de Saint-Cloud ou par les petites voitures de Sceaux ou de Vitry.

» Il me faut une salle à manger spacieuse, garnie, dans son pourtour, de profondes armoires, et ayant vue sur un joli parterre. Il y aura à côté un cabinet agréable où ma femme poura se retirer quand l'ami Habard et moi serons en gaieté, ou que le bruit du trictrac lui paraîtra fatiguant.

» En face de la salle à manger sera une cuisine,

grande, propre et bien aérée; il y aura un four, parce que j'aime beaucoup la pâtisserie. A côté, je veux un appentis, qui servira de lavoir et de bûcher. Sous la cuisine, j'aurai une bonne cave, dont vous ne parlez pas, et qui me paraît une pièce essentielle. — Vous ne réfléchissez pas, monsieur... — Pardonnez-moi, monsieur, j'ai beaucoup réfléchi. — Une salle à manger et une cuisine par bas! Eh! qu'aurez-vous au-dessus? Il vous faut un appartement pour vous, un autre pour madame; cinq à six chambres au second, avec leurs doubles cabinets; quelques autres pièces au troisième pour les gens, et... — Monsieur, depuis quarante ans, ma femme et moi n'avons qu'une chambre et un lit, et nous nous en sommes fort bien trouvés; nous continuerons, s'il vous plaît. Vis-à-vis cette chambre sera celle de l'ami Habard, et au-dessus une espèce de belvédère où couchera notre bonne Marguerite; nous n'en voulons pas davantage. — Mais qui êtes-vous donc, monsieur, qui vous contentez de si peu de chose? — Un négociant retiré avec cinq cent mille francs. — Monsieur, il n'est pas possesseur de cinq cent mille francs qui n'ait une campagne de cinquante mille écus. — Et qui ne se ruine. Moi je ne veux pas me ruiner. — Ma foi, monsieur, avec des vues aussi étroites on ne dérange pas un architecte, on s'adresse à un maître maçon. » Et M. l'architecte me tourne le dos, il reprend son équerre et son crayon, moi mon chapeau, et je vais chercher un maître maçon.

« Monsieur, me dit le maître maçon, on ne fait pas perdre le temps à un entrepreneur pour une semblable vétille, abonnez-vous aux *Petites-Affiches*. »

Diable! le luxe et la morgue ont furieusement augmenté depuis cent ans! Le maçon de mon grand-père s'appelait Nicolas, celui de mon père maître Pierre, et celui-ci s'appelle monsieur. Il a une grosse cuisinière, une bonne d'enfant; madame ne se mêle de rien, et elle porte un cachemire. Ah! je vois ce que c'est, ces gens-là trouvent des fous qui les gorgent d'or, ou des imbéciles qui se laissent attraper. J'ai toute ma raison, moi, et je n'entends perdre que l'abonnement d'un trimestre aux *Petites-Affiches*.

J'ai ma quittance du bureau, et tous les soirs Habard et moi lisons la feuille avant ou après notre partie de trictrac.

« Eh! mon ami, voilà ce qu'il vous faut. — Mais, je le crois. La route de Paris à Montrouge est tout unie. — L'air y est excellent. — On y boit de l'eau, d'Arcueil. — Allons voir la petite maison bourgeoise de Montrouge. »

J'engage ma femme à nous accompagner : il faut que la petite maison lui plaise d'abord. Je suis incontestablement le maître chez moi, mais j'ai toujours eu pour principe de ne jamais rien faire qui ne soit agréable à ma femme.

Elle prend son sac, je me charge du parasol, ou parapluie, selon les circonstances. Habard met des biscotins dans une poche, un flacon d'excellente liqueur dans l'autre, et nous voilà partis.

J'entendais par-ci par-là quelques jeunes gens chuchoter : *C'est* M. et madame Pépin. « Qu'est-ce donc que M. Pépin? demandé-je à Habard. — C'est un fort bon mari qu'on a tourné en ridicule sur certain théâtre, et dont on a beaucoup ri. — Ma foi, mon ami tant pis pour l'auteur et les rieurs! Ils me feraient croire qu'ils ne sont pas eux-mêmes bons maris. — On dit qu'il deviennent très rares. »

Nous arrivons à la porte de la petite maison bourgeoise. Ma femme sourit; bon, l'extérieur lui plaît. Entrons. « Mais, mon ami, tout ceci est très joli, très frais; c'est précisément ce qu'il nous faut — La maison te convient? — Beaucoup, mon cœur. — Elle est à toi, ma poule : je signe ce soir. Voyons maintenant le jardin. Comment, diable! *c'est conséquent.*

» Ah çà! il nous faut un jardinier : moi, je n'entends rien au jardinage; d'ailleurs, je ne veux pas me fatiguer. Habard, dépose là tes provisions, et fais-moi le plaisir de t'informer s'il y a ici un bon jardinier sans place. »

En attendant le retour d'Habard, nous faisons, ma femme et moi, le tour du jardin. « Il est en bien mauvais état, il y a là de quoi travailler, monsieur, me dit le gardien, il y a un an que le propriétaire n'est venu ici, et n'y a rien fait faire. — Il a tort, le propriétaire; il faut entretenir son bien, même quand on veut le vendre.

» Ah! voilà un jardinier. Voyons, monsieur, combien voulez-vous de gages? — Huit cents francs, monsieur, et le logement — Et votre provision de fruits et de légumes? Comme il vous plaira, monsieur. — Que cela me plaise ou non, il n'en sera ni plus ni moins; n'importe, je vous donnerai le petit pavillon qui est là-bas au bout. — Il est en effet bien petit. — Vous êtes donc père de famille? — Non, monsieur. — Eh! faquin que vous êtes... — J'accepte, monsieur, j'accepte. A la bonne heure. Voyons, comment arrangerons-nous ceci? D'abord, monsieur, il faut tout arracher. — Non, monsieur, non, vous n'arracherez rien; il faut vingt ans pour faire un arbre, et je veux jouir de suite : je n'ai pas de temps à perdre. — Eh bien! monsieur, laissons les arbres. Ici je vous ferai une petite vallée. Et où mettez-vous la terre? J'en fais une montagne. — Comment, une montagne! ne voyez-vous pas à mes jambes que je suis sujet à la goutte? — Monsieur, une montagne est indispensable. — Si elle y était, monsieur, je la ferais abattre. — Dans cette partie, j'élève un pont cintré. — Un pont! et je ne vois pas de rivière. — Je vous en ferai une, monsieur. — Et où prendrez-vous de l'eau! — Il n'en faut pas, monsieur; nous faisons maintenant des rivières sèches. — C'est-à-dire que la rivière sera faite pour le pont, et non le pont pour la rivière ? — C'est l'usage, monsieur. — Je me moque de l'usage, entendez-vous, monsieur, ni pont ni rivière! Passons maintenant aux plantes qu'il conviendra de mettre ici.

» — D'abord, monsieur, je vous garantirai exactement du *carduus* de l'*urtica* et du *rubus* (1). — Hem? — Je mettrai dans ce bas des arbres à rameaux *penduli, conferti, coarctati* (2). — Qu'est-ce qu'il me conte donc? — Madame ou vous pouvez être incommodés, vous aurez dans ce petit coin caché *borago, anchusa, anthemis, et cichorium* (3). En fleurs je vous donnerai *phalium, hyacintus, hesperis, convallaria, ranuncugnalus,* (4)... et tout ce qui vous plaira. — Habard, entends-tu quelque chose à ce qu'il dit! — Vous voulez des légumes? — Oui, monsieur, et beaucoup. — Vous cueillerez à volonté *scandix, brassica, cucumis, sisymbrium, spinacia, faba, phaseolus, lactuca* (5)... — Oh! finissez, finissez, je vous en prie, je veux des légumes français. Qu'est-ce que c'est que votre *sisymbrium*, votre *phaseolus*, votre *lactuca?* — Ce sont, monsieur, le cresson, le *haricot*, la *laitue*. — Eh! que ne dis-tu, bourreau! crois-tu que je me casserai la tête à apprendre du grec et de l'hébreu à propos de mon jardin? — Monsieur, j'ai suivi un cours de botanique, et tous ceux qui ont quelque idée de cette science vous diront qu'il est du plus mauvais genre d'appeler maintenant les choses par leur nom. — Sors d'ici, avec ta science mal appliquée, ta montagne, ton pont et ta rivière sèche.

» Quel homme m'as-tu amené là, Habard? — On le dit du plus grand mérite. — Je ne veux pas d'un

---

(1) Le chardon, l'ortie, la ronce.
(2) Pendants, ramassés, serrés. Le saule pleureur, le genêt d'Espagne, le thuya d'Orient.
(3) La bourrache, la buglose, la camomille, la chicorée.
(4) L'immortelle, la jacinthe, la julienne, le muguet, la renoncule.
(5) Le cerfeuil, le chou, le concombre l'épinard, la fève.

mérite au-dessus de ma portée, le vrai mérite parle à chacun la langue qui lui est propre. Je vais chercher un jardinier que je comprenne, qui m'entende, et qui surtout fasse mes volontés. *Scandix, brassica, cucumis!* ce drôle-là me ferait devenir fou. »

Je sors, je cherche, j'interroge ; j'entre dans une chaumière. « Tu es jardinier, dit-on? — Oui, monsieur. — Appelles-tu les choses par leur nom ? — Comment, monsieur? — Oui, dis-tu un chou, un navet, une carotte? — Et comment voulez-vous que je dise? — Tu n'as donc pas suivi le cours de botanique? — Non, monsieur. — Tant mieux pour toi... Ah! ah! tu as des enfants? — Voilà pourquoi je ne trouve pas à me placer. — Et voilà pourquoi je te prends. Combien veux-tu gagner? — Six cents francs, monsieur. — Je t'en donne douze. Un jardinier qui ne sait pas l'hébreu, et qui a quatre enfants en bas âge! c'est une trouvaille que cela. Suis-moi : si tu fais bien, je t'en saurai bon gré; si quelque chose va de travers, je te le dirai, tu te corrigeras, et nous serons contents l'un de l'autre. »

SÉSOSTRIS BOURDEFOLLE

I

Il y a des hommes, — soit dit sans calomnier l'espèce humaine, — qui ont l'abord large, ouvert, facile, souriant, engageant, honnête en un mot. On s'abandonne à eux, plein de confiance, et on ne tarde pas à reconnaître qu'on s'est imprudemment fourvoyé.

Eh bien, il y a des chemins vicinaux tout à fait comme cela, — soit dit sans calomnier la voirie.

C'était ainsi que je m'entretenais avec moi-même un soir, en revenant de la pêche à la ligne. J'aurais pu suivre tout bourgeoisement la grande route, mais c'était trop simple, et, moins adroit que les goujons je m'étais laissé prendre à *l'amorce* (jamais terme technique ne fut mieux trouvé), aux ouvertures riches en promesses du chemin de traverse n° 13. Le rapprochement qui venait de surgir en mon esprit entre les hommes et les chemins me semblait ingénieux en ce moment. Je m'y complaisais, et je cherchais à lui donner une forme concise et pittoresque. Or, pendant que je veillais à ce qui se passait dans ma tête, je négligeais ce qui se passait à mes pieds, de sorte que, lorsque je revins à moi, il était trop tard pour revenir sur mes pas.

Que n'ai-je le talent qui me manque... je pourrais peut-être vous donner une idée exacte de ce chemin tel que je le vois d'ici. La pluie fine qui tombait depuis la veille n'avait fait que remplir les excavations du terrain et n'avait pas eu le temps d'en dissoudre les monticules et de les étendre en bouillie uniforme. Tout était encore debout, et les divers accidents du chemin avaient les formes les plus fantastiques. Vous eussiez dit la carte en relief des Alpes ou des Pyrénées. Il y avait des montagnes, des vallées, des lacs ; il y avait aussi des rivières creusées par les larges roues des charrettes. Les rochers étaient représentés par de rares pierres offrant au voyageur des sommets périlleux ou des surfaces traîtresses. De plus, les immondices de toute nature, les épaves des voitures à fumier agrémentaient tout cela, et l'ensemble était si répugnant que l'herbe même n'osait y pousser de crainte de se salir.

Du reste, nul moyen d'échapper au bourbier qui m'étreignait de toutes parts. A droite et à gauche, les talus presque à pic étaient terminés par un buisson épais et menaçant qui protégeait les champs limitrophes, et les tentatives malheureuses des passants étaient inscrites en larges glissades le long de ces talus.

J'étais définitivement embourbé. Je suais, je soufflais, je me désespérais, et je cherchais vainement un moyen de sauvetage, lorsque je vis une ombre devant moi. Je n'étais donc pas seul dans ce chemin maudit ! Je levai les yeux et j'aperçus mon vieux voisin, un journaliste en retraite nommé Sésostris Bourdefolle. Sa vieille veste aux boutons d'argent historiés d'attributs de chasse semblait avoir grandi aux dépens de son corps. Son obésité était devenue mensongère, et ce n'était plus que par un reste d'habitude que l'on continuait à l'appeler *le gros Bourde-*

folle. Ses yeux étaient encore vifs, mais son visage, naguère uniformément vermeil, était teint de rouge, marbré de jaune, couvert en certains endroits d'une mousse verdâtre, et parsemé de perles et de rubis. Bourdefolle était malade.

« — Est-ce bien vous, monsieur Sésostris, lui demandai-je, que diantre êtes-vous donc venu chercher ici ?

— Des émotions, me répondit-il mélancoliquement. La vie est monotone et les hommes sont ennuyeux.

— C'est un moyen, répondis-je. Je vous assure qu'en ce moment je n'ai pas le loisir de faire de la misanthropie, et si j'en juge d'après moi-même, vous devez être content de votre promenade.

— Assez ! Tu ne saurais croire quel plaisir j'éprouve à lutter ainsi contre les éléments. Ces marches, ces contremarches sont une partie de mon existence. Je suis obligé de déployer là toute mon habileté et toute mon énergie, et pendant que je m'évertue à me tirer d'un mauvais pas, je ne songe ni aux choses qui font les hommes, ni aux hommes qui font les choses, ni même à l'administration qui devrait faire les chemins. Malheureusement, voilà ma besogne à peu près faite pour aujourd'hui, car le reste n'est rien.

— Le reste n'est rien ! m'écriai-je terrifié.

Et, voyant serpenter et se perdre au loin dans le brouillard le chemin noir et visqueux :

— Non, non, ajoutai-je, j'ai bien assez pataugé, au figuré et au... malpropre, Je m'attache à vous, conduisez-moi, sauvez-moi !

Je suivis Bourdefolle, et nous parvînmes à sortir du bourbier. La nuit était venue. La ville était loin et je ne pouvais arriver qu'après le repas du soir. D'un autre côté nous étions tout près de la villa Bourdefolle, où un bon dîner attendait mon voisin. Il m'engagea à l'accompagner et j'acceptai de bon cœur. En ce temps-là, je recueillais l'histoire des hommes marquants de mon pays, et comme je voyais que Bourdefolle n'avait plus longtemps à vivre, je tenais, comme on dit, à lui prendre mesure.

Nous dînâmes confortablement et longuement. C'était précisément la bonne chère qui tuait Bourdefolle. Il mourait de nourriture, comme d'autres, meurent de faim. Il souffrait d'une maladie au cœur ce qui ne l'empêchait pas d'être sensuel ; de sorte qu'il avait le vin triste et expansif. Donc, après dîner, nous philosophâmes, ou plutôt il philosopha sans cesser de boire ; car, moi, je me contentais de lui donner niaisement la réplique. Il dit du mal des hommes par habitude, des femmes par dépit et de lui-même par orgueil.

— Vous n'avez pas été heureux ? lui demandai-je.

— Moi ? répondit-il ; je ne l'ai jamais été, je ne le serai jamais et je ne saurai jamais pourquoi. Dieu viendrait aujourd'hui m'offrir de combler mes vœux, que je serais très embarrassé pour faire un choix. A coup sûr, je ne demanderais pas la sagesse et cependant j'ai plus de soixante ans. Je n'ai jamais réussi que par mes sottises ; mais peut-être étaient-ce mes bonnes actions passées qui réussissaient au moment où je me conduisais mal. La justice des hommes est lanternière, et souvent elle arrive à vous donner le prix Monthyon au moment où vous le méritez le moins.

— Cependant, hasardai-je, vous vous êtes fait un nom dans le journalisme. Votre mérite...

— Mon mérite ! interrompit-il, il n'a jamais été question de cela. On n'a nominalement du mérite que lorsqu'on est parvenu, et lorsqu'on est parvenu, on a réellement plus de métier que de mérite. Ce qui m'a fait arriver est justement la chose la moins méritoire. Tu me regardes ? Tu veux une explication ? soit ! J'aime encore mieux te raconter ma vie que d'engager avec toi une discussion philosophique. Ce sera plus court.

II

« — J'avais vingt-deux ans quand je quittai Paris pour venir m'installer définitivement dans ma famille. Je tenais mon diplôme d'avocat, mais je n'en étais pas plus fier, car à une modestie assez rare je joignais une ignorance assez commune. Je ne savais rien en fait de droit, et je songeais avec effroi aux consultations gratuites que n'allaient pas manquer de me demander les bourgeois indiscrets du pays. Je ne te dirai pas, petiot, comment je l'obtins, ce diplôme ; il faudrait te faire l'histoire du vieux professeur auquel j'avais été recommandé et qui m'avait pris en affection, et c'est bien assez de la mienne. En deux mots, c'était un jurisconsulte du plus grand mérite qui s'était fait un nom par ses poésies légères. Moi, je commençai à rimailler ; il s'intéressait à moi, m'appelait son jeune confrère et s'amusait à me décorer du nom pompeux de *nourrisson des Muses* (on parlait ainsi à cette époque). Hélas ! mes nourrices m'avaient rendu un bien mauvais service. Mon père, au temps des vacances, m'en avait fait souvent de durs reproches. Il y avait bien de la prévoyance paternelle, si tu veux, mais il y avait bien aussi un peu de jalousie : nous voulons tous créer à notre image. Quoi qu'il en soit, quelques jours après mon installation, ne fus-je pas tenté de m'écrier : *Où peut-on être mieux*, etc. Je débutai mal dans la carrière : je plaidai littéralement contre mon client ; on se moqua de moi. D'ailleurs, je n'avais pas de protecteur, et, il faut le dire, mon goût pour le métier n'était pas des plus vifs. J'avais lu Rabelais, Molière, la Fontaine, Voltaire et tous les écrivains gouailleurs de notre littérature, je faisais peu de cas du reste ; je confondais dans le même mépris l'emphase et l'éloquence, et je ne pouvais pardonner au « Patriarche de Ferney » d'avoir construit des tragédies et surtout *la Henriade*, cette arche sainte du père Bourdefolle. De là des querelles violentes qui ne se terminaient que par la fuite de l'un des deux champions. Alors mon père allait se plaindre partout où on voulait bien l'écouter. « Ah ! disait-il, il est bien dommage que ce garnement ne veuille pas travailler ; il a de l'esprit, *donc* (note la conclusion), *donc* il pourrait faire un excellent avocat ; mais, au lieu d'étudier son Code, il *fait* de la littérature. La belle avance ! Beau métier de meurt-de-faim ! » Espérant m'avoir par la famine, il ne me donnait pas un décime et prétendait que je mangeais tout. Il ne m'a guère aidé ni de la bourse, ni de ses encouragements, ni de ses éloges en public, et, si je suis parvenu à me faire un petit renom, ce n'est certes pas à lui que je le dois. Cependant ses boutades faisaient leur chemin. Mes compatriotes n'osaient le contredire par bienséance, mais, derrière lui, se vengeaient de leur condescendance en m'accablant à qui mieux mieux. On rappelait toutes mes fredaines d'enfant ; on racontait comment, au lieu de faire mes devoirs, la nuit, j'allais frapper aux portes et tendre des cordes au travers des rues pour faire trébucher les passants. Il se trouvait alors que tout le monde avait prédit que je tournerais mal, et qu'il n'était pas étonnant que je fusse *tombé* dans la littérature.

» Voilà ce que disaient les papas. Les mamans disaient bien autre chose, et, dans leur indignation, n'étaient pas toujours prudentes devant leurs filles. Elles me calomniaient tellement que je ne sais ce qui serait arrivé si les demoiselles eussent été moins bien gardées et si notre ville eût été plus grande.

» Ici Bourdefolle se rengorgea. Il pinça ses grosses lèvres, et ses yeux prirent une expression de malice

qui se fondit bientôt en un regard langoureux ; puis
il poussa un soupir où je m'aperçus qu'il y avait
autre chose que des regrets.

III

» Les mamans avaient tort bien certainement, reprit-il au bout d'une minute ; mais les papas avaient
raison ; j'étais *tombé* dans la littérature. Pauvre et
sans le moindre crédit, ce luxe des riches, je demandais des distractions à l'étude et au travail. Je lisais,
j'annotais, j'écrivais toujours. Je faisais de tout ;
vers, romans, nouvelles, comédies, vaudevilles, pensées détachées, portraits, histoires, philosophie, économie, politique, hygiène, etc. Nous étions en pleine
école romantique et fantaisiste. La province se trouvait naturellement ultra-romantique et ultra-fantaisiste. Nos gens de lettres avaient fait une mauvaise
réputation à la langue française : ils la disaient
pauvre parce qu'ils ne la connaissaient pas, et ils se
croyaient appelés à lui faire l'aumône. Aussi se livraient-ils sans retenue à tous les écarts de leur
munificence. Ensuite il fallait du neuf, du neuf à tout
prix. Ceux qui n'avaient pas d'idées s'évertuaient à
chercher des manières inédites de rendre les choses
les plus communes. Le grec et le latin poudroyaient,
le néologisme verdoyait. On retournait les vieux
aphorismes, on retapait Horace et Virgile, on dégraissait Montaigne et Clément Marot, on cousait
ensemble la barrette de Bossuet et le bonnet de Rabelais. On appelait cela faire du neuf. C'était surtout
le journalisme de province qui s'en donnait, s'en
donnait. Il prenait plaisir à accoupler les mots ou
plutôt les idées les plus disparates, de sorte qu'il
jouait avec la prose comme un mauvais versificateur

joue avec les bouts-rimés. Il sautait majestueusement, il faisait la grosse voix en jetant le petit mot pour rire; on eût dit Apollon jouant de la guimbarde, César dansant la gavotte, Bobèche débitant un sermon.

» Eh bien, grâce à mes lectures, grâce aussi à cet esprit d'opposition qui a toujours fait le fond de mon caractère, pendant que les romantiques farouches triomphaient, moi j'étais classique endurci. J'avais la conviction qu'il n'est pas impossible de faire du neuf et du piquant avec la langue usuelle, que l'originalité est dans les idées, non dans les mots, et que les règles de style que nous ont laissées nos devanciers ne sont pas un obstacle à la manifestation vigoureuse de nos pensées : en quoi j'avais raison. Mais ceci ne prouvait pas que le romantisme eût tort, car il y a de bons et de mauvais écrivains dans les deux camps. Je ne veux pas dire par là que je fusse un homme extraordinaire en ma qualité de classique. J'étais au-dessous du médiocre, surtout dans les premières années, et mon seul ami, mon seul conseiller ne se gênait pas pour me le dire. C'était un brave garçon, plein d'excellentes qualités, mais du jour où je l'avais consulté, il avait pris son rôle au sérieux et se fût cru déshonoré s'il m'eût applaudi une seule fois. Tu ne saurais croire avec quelle dignité compassée, avec quel suprême dédain il décidait du mérite de mes œuvres. Imbu des jugements moqueurs qui couraient le public, il ne pouvait se résoudre à voir en moi un écrivain, c'est-à-dire un homme apte à faire imprimer ses productions. Il me reprochait jusqu'à mes fautes d'orthographe et de ponctuation. Malgré que j'en eusse, je l'aimais, et je le regrette, car il est mort. Mais tu vois qu'il ne m'encourageait guère. Bien souvent, désespéré par ses critiques, je fus sur le point d'anéantir mes travaux; mais je ne pus jamais me décider à consommer le sacrifice.

« C'est toute mon histoire morale, me disais-je ; c'est le journal de mes idées et de mes sentiments. Mes jugements sur les hommes et les choses se modifieront ; mon style se modifiera également ; je serai peut-être un jour curieux de savoir ce que j'ai été, et si je suis destiné à végéter toujours, j'aurai au moins la consolation de me voir vivre dans mon passé. »

» Et mes œuvres s'entassaient jour par jour, année par année, dans les nombreux cartons de mon casier.

» C'est ainsi que pendant vingt ans j'usai ma vie dans les jouissances solitaires de l'esthétique. J'aimais la gloire, mais en amoureux transi. Et d'ailleurs, quand bien même j'aurais été décidé à affronter le danger, où trouver des éditeurs ? Ces gens-là ne prêtent qu'aux riches ; et mon père, auquel j'essayai une ou deux foi d'arracher quelque sacrifice pécuniaire, se mettait à récriminer, et poussé à bout, finissait par me dire péremptoirement à la façon de M. Prud'homme, que je n'étais pas encore *mûr* pour la publicité (fais bien connaissance avec l'adjectif, tu le retrouveras), et qu'il fallait attendre que j'eusse un nom, — juste ce que me répondaient les éditeurs. J'en ai d'abord voulu aux éditeurs, car enfin, je leur étais étranger et ils n'avaient aucune raison de me croire un idiot ; maintenant que je suis vieux, et partant égoïste, je bois à leur santé. Que Dieu les maintienne dans ces bonnes dispositions ! Nous n'aurions bientôt plus ni vigneron ni laboureurs. »

IV

— Mais enfin, dis-je au bout d'une pause vous avez été journaliste.

« — Ce fut bien par hasard va, mon petit, et si je

me suis rendu coupable de tant de mauvais écrits il faut s'en prendre à la discussion que j'eus un soir avec l'ami dont je t'ai parlé. Il s'agissait, comme toujours, des anciens et des modernes, et je développais ma théorie sur l'originalité, disant qu'il n'était pas absolument indispensable pour attirer les regards de monter en ballon et de s'enfoncer dans les nuages; que les badauds se fatiguaient bien vite de lever les yeux et de tendre le cou pour ne rien apercevoir. Lui soutenait que c'était encore le meilleur moyen; à quoi je répondais que ce procédé était des plus faciles. La discussion s'échauffant, j'arrivai à parier qu'en deux jours je traiterais sous une forme romantique une question des plus vulgaires, au choix de mon ami. « Quoi? me dit-il, une question de boucherie, par exemple? — Pourquoi pas? — Eh bien! mets-toi à l'ouvrage, et, si tu produis quelque chose de lisible dans ces conditions, je proclame partout que Sésostris Bourdefolle est un grand chef. »

» Je me mis à l'œuvre. Deux jours après mon travail était prêt. J'avais pris les choses de haut. J'avais invoqué les principes les plus abstraits de l'économie sociale, et cela dans un style aussi luxuriant qu'intelligible. Mon ami fut stupéfait, et, dans son admiration, communiqua mon manuscrit au directeur du journal de notre localité. L'admiration gagna le journaliste, qui inséra l'article dans sa feuille quotidienne. Le public poussa des holà! parce qu'il ne comprenait rien. — Je me trompe: il comprenait d'instinct la conclusion qui tendait à lui faire payer la viande moins cher, — et il se dit : « Tiens ce garçon-là a du bon ! »

» Ce « garçon-là » avait alors quarante ans. »

V

« Dans la carrière de la publicité, il n'y a que le premier pas qui coûte. Ma renommée grandit rapidement. Je devins un des collaborateurs honoraires du journal, et tu pourras voir dans la collection, s'il en existe une, les nombreux articles que je publiai vers cette époque. Je te recommande surtout ceux que voici :

— *La boulangerie devant la Liberté.*
— *L'art industriel et l'industrie artistique.*
— *De l'Entente cordiale du Commerce et de la Littérature.*
— *Essai sur quelques commerçants méridionaux qui se sont fait un nom dans les Lettres.*
— *Origines sanscrites du Patois provençal.*
— *Les draps et la Renaissance.*
— *Du Commerce des Peaux de Lapin et de son Influence sur l'Organisation militaire.*
— *Étude sur un Troubadour complètement inconnu.*

» Cette mystification eut le plus grand succès. C'étaient quelques-unes de mes poésies que j'avais traduites dans la langue du moyen âge, et qu'autrement je n'aurais pu faire accepter. Le public s'émut. Mais un savant (ces gens-là n'aiment pas à être mystifiés) passa quelques mois à compulser les ouvrages relatifs à l'histoire de notre pays, fit force études philologiques et grammaticales, et démontra pertinemment que le prétendu poète provençal n'avait jamais existé, et impertinemment qu'il fallait que les vers fussent de moi. Je me défendis avec mollesse, mon adversaire remporta une victoire complète, et, de ce jour, ma réputation fut si bien établie que le directeur du journal crut utile de me nommer rédacteur aux appointements de 1,200 francs.

» Je les gagnais bien, je te jure, surtout au commencement, car il me fallait faire de tout, changer souvent de style pour signer X., Y. ou Z., et me rompre au manège littéraire d'alors. Mais ce fut l'affaire de quelque temps et je parvins bientôt à reconnaître toutes les ressources de l'aliéna, les roueries du guillemet, les espiègleries de l'italique, les méchancetés du tiret, les perfidies du point d'interrogation.

» Et j'étais porté aux nues, et le père Bourdefolle était fier de moi, mais n'en continuait pas moins à s'écrier: « Ah! s'il était avocat, vous verriez bien autre chose ! » On ne se compromet jamais en parlant ainsi. J'ai souvent entendu gémir sur le sort des jeunes gens que la mort venait de frapper. « Pauvre garçon! s'écriait-on, il avait devant lui un si bel avenir! » Imbéciles! qu'en savez-vous ? »

VI

« La presse dévore les manuscrits et les abonnés dévorent la presse, avec la même gloutonnerie. Mon cerveau fut bien vite à sec. Cependant il fallait journellement servir sa pâture au lecteur et verser de l'encre dans le *tonneau des Danaïdes*, comme nous disions alors. J'étais dans le plus grand embarras, lorsque je songeai à mon fonds de réserve. Ce que c'est que d'avoir travaillé dans sa jeunesse et économisé pour ses vieux jours ! J'avais dans mes cartons vingt années de travaux classiques : mes premiers écrits n'étaient certes pas remarquables, mais j'étais devenu un peu plus fort dans les dernières années,

J'allais donc pouvoir utiliser mes productions les plus récentes. L'abonné accepterait tout. Le difficile était de ne pas lui faire changer trop brusquement de régime ; il fallait que, tout doucement et sans qu'il s'en aperçût, il passât du romantique au classique. Je ménageai si bien la transition, qu'un beau matin mes bons lecteurs se réveillèrent, — ou plutôt s'endormirent, — classiques tout en criant : Vive le romantisme !

» Je n'aime pas les antithèses. Elles ont toujours quelque chose de pédantesque qui me déplaît ; je ne puis cependant résister à l'envie d'en faire une. Ainsi, après avoir été obligé de traiter romantiquement les questions les plus vulgaires d'alimentation et de commerce, j'arrivais à présenter aux abonnés les idées les plus bizarres revêtues d'une forme classique !

» Articles historiques, économiques, philosophiques, critiques, humoristiques, pensées détachées, contes, fables, romans, nouvelles, tragédies, comédies, épîtres, satires, bouquets à Chloris, tout mon fonds y passa. Ce ne fut d'abord qu'en tremblant que je me hasardai à tirer de mon magasin mes produits les plus récents ; et puis j'avais quelques scrupules relativement aux questions politiques. Vaine crainte ! Les questions politiques sont à peu près toujours les mêmes, il ne s'agit que de les placer à temps. Le cru de 1831 fut épuisé en une année, car je ménageais ma réserve. L'année suivante, c'est-à-dire en 1834, il fallut servir du 1830. Je fis quelques coupages, car l'orage politique avait un peu aigri mes idées. Bah ! tout eût passé sans coupage. Quand les invités sont gris, ils crient : Vive l'amphitryon ! et prennent facilement la piquette pour du champagne. Le public devenant insatiable, j'attaquai le 1829, qui eut le plus grand succès auprès des connaisseurs de 1835. Puis, en 1836, vint l'année 1828. Et mes lecteurs, qui s'obstinaient à voir en moi le bambin dont ils se rappelaient les fredaines, disaient après leur lecture quotidienne : « C'est singulier comme le talent de ce garçon grandit! » *Son talent grandit! son talent mûrit* ces réflexions se trouvaient dans toutes les bouches ; les phrases étaient clichées. Plus je remontais dans mon passé, plus mon talent *grandissait et mûrissait* dirent des critiques les plus habiles. J'ai fait ainsi, pendant vingt ans, le métier de journaliste, entendant exalter jusqu'aux productions les plus frivoles de ma jeunesse.

» Cependant tout a une fin. L'opposition osa s'attaquer à moi, et, le croirais-tu? elle partit précisément du camp de la frivole jeunesse. Quelques jeunes Athéniens, ennuyés de m'entendre vanter toujours de la même manière, allèrent jusqu'à prétendre que mon talent était plus que *mûr*, qu'il était quasi blette, et qu'on devait s'étonner qu'il fût encore suspendu à la branche du journalisme. Un jour même que, à bout de ressources, j'avais fini de vider mon sac, offrant aux lecteurs mes derniers, ou plutôt mes premiers essais littéraires, et qu'un vieillard parlait encore de la *maturité* de mon talent :

» — Laissez-moi donc tranquille ! repartit vivement un jeune homme impatienté ; votre vieux radoteur tombe en enfance.

» Il ne croyait pas dire si vrai. Le mot me fut charitablement rapporté. Je le trouvai juste, et comme je n'avais plus rien en magasin, je cédai mon petit commerce. C'est égal, je m'ennuie maintenant. Ah! que ne me suis-je fait journaliste dix ans plus tard!... J'aurais vécu vingt ans de plus !...

VII

En effet, Sésostris Bourdefolle mourut quelques jours après de la rupture d'un anévrisme. On prétendit que c'était d'une attaque d'apoplexie. Ainsi il trompa le public jusqu'à sa mort inclusivement. Je contais faire son horizon funèbre, un ami de la famille eut cet honneur ; et j'eus la surprise de lire dans le journal un long éloge dans lequel je remarquai ces mots :

« Sésostris Bourdefolle entra assez tard dans la
» carrière littéraire. Il avait quarante ans lorsque
» parurent ses premiers essais. On a remarqué que la
» forme romantique règne dans ces productions. Cependant, en vieillissant, le journaliste s'achemina
» petit à petit vers le genre classique. C'est que, à
» mesure que le goût se forme, que *le talent mûrit*, on
» finit par reconnaître qu'il n'y a de réellement beau,
» de réellement durable que cette simplicité antique
» qui n'exclut pas la grandeur. Certes, aujourd'hui,
» la France possède des statuaires en renom, mais la
» reproduction en marbre ou en bronze de nos héros
» en pantalon et en épaulettes peut-elle être comparée à la nudité grecque et aux longues draperies
» romaines ?

» Une fois dans le vrai, Sésostris Bourdefolle ne
» s'arrêta plus. Son culte pour le classique ne se dé-
» mentit jamais. Nous le voyons, aux derniers temps
» de sa carrière, produire des vers charmants que
» n'eût pas désavoués André Chénier, finissant ainsi
» par où la jeunesse commence. Peut-être la langue
» des dieux, qui fut la première langue des sociétés,
» n'est-elle que le dernier mot du vrai et du beau ! »

Historiens ! m'écriai-je après avoir lu, historiens, donnez-vous donc du mal pour rechercher la vérité. La vérité ! c'est tout ce qui a l'air d'être vrai.

COQUETTERIE

I

Je n'essayerai certainement pas, mes vieux amis, de vous dire comment elle se prit à l'aimer. Il me faudrait pour cela d'interminables subtilités psychologiques, qui probablement ne seraient pas neuves et qui, à coup sûr, ne seraient pas vraies. Entrez dans vos souvenirs, alors que, sous l'empire de vos vingt-cinq ans, vous aviez, comme lui, pour la femme ce respect consciencieux, cette admiration dévote qu'elle ridiculise si souvent en public et qu'elle voudrait presque toujours corriger en secret, surtout lorsqu'elle est veuve comme Marie, spirituelle comme elle, qu'elle est lasse des mesquineries de convention, qu'elle s'enthousiasme à la lecture des voyages et qu'elle rêve la découverte d'un nouveau monde. Non, je n'ai pas la prétention de vouloir faire l'analyse de ses pensées et de ses sentiments. Elle l'aimait, c'est tout ce que je sais dire. Jacques aimait aussi Marie ; mais il était jeune, il était timide, naïf et franc, et il se trouvait si petit devant elle qu'il se rapetissait encore et cherchait à s'effacer complètement. Comment, lui, si convaincu de son infériorité, eût-il eu l'audace de porter un œil de convoitise sur toutes les splendeurs de cette jeune femme ? L'éclat immaculé de ses dents, le reflet vigoureux de ses blonds cheveux, les doux éclairs de ses yeux noirs, la voluptueuse harmonie de ses formes, tout cela l'éblouissait, l'enivrait au point de le stupéfier. D'ailleurs, comme il ne connaissait encore que ses grandes lettres en fait d'amour, et qu'il n'entendait rien aux pattes de mouche du sentiment féminin, il se désespérait sans rien dire, l'ignorant qu'il était, et n'avait même pas l'idée de chercher à deviner.

Marie se désespérait de son côté. Vainement elle avait écarté tous les nuages de la minauderie féminine, le rayonnement de son amour ne pouvait parvenir à fondre la glace qui recouvrait ce volcan en non-activité. Elle avait beau se faire franche comme lui, simple comme lui, le niais s'obtinait à voir en elle un être idéal, une idole vers laquelle il ne fallait pas même lever les yeux. En traversant les jolies lèvres de Marie, les choses les plus vieilles et les plus communes devenaient fraîches, vives, originales, spirituelles, profondes et pleines de sens. Ses poses les plus naturelles, ses gestes les plus ordinaires se se paraient de grâce et de poésie aux yeux de Jacques l'illuminé. Pendant qu'elle se baissait pour le saisir à terre, lui s'élançait au ciel et la cherchait parmi les étoiles. Le moyen de se rencontrer avec cela ! Alors c'était Jacques qui devenait inaccessible comme certains pics de l'Himalaya, et Marie, quelle que fût son humeur voyageuse, n'avait cependant pas le pied montagnard et ne faisait partie d'aucune société de touristes.

Cette passion solitaire à deux menaçait de s'éterniser, et Marie sentait tout le ridicule de la position, alors que Jacques n'en soupçonnait même pas l'étrangeté. Certes, si Marie eût eu un peu plus d'expérience de ces choses-là, elle se fût bien vite débarrassée de ce platonique soupirant qui s'obtinait à ne pas la comprendre, et eût porté ses regards ailleurs ; mais Marie était opiniâtre : cet amour était sa chose ; il lui semblait que son bonheur dût être vivace en raison du temps qu'il aurait mis à éclore. Puis la résistance augmentait son désir ; puis elle trouvait que son amour-propre était engagé dans cette lutte ; enfin elle aimait, ce mot résume tout. Aussi elle se dépitait. Souvent elle regrettait que Jacques ne se lançât pas dans les mièvreries et les fadeurs qui sont le charme de la société polie ; car, pensait-elle, on se grise parfois avec ces paroles emmiellées comme avec certains vins douceroux, et des banalités on arrive aux questions personnelles. Elle l'eût voulu hypocrite ; car, si le désir amène la galanterie, la galanterie amène aussi le désir, et il est bien plus difficile d'arriver à dire ce que l'on sent que d'arriver à sentir ce que l'on dit. Elle l'eût voulu impertinent ; car alors elle se fût courroucée, et l'on en serait venu à ces premières explications où l'amour gagne toujours quelque chose. Quant à lui dire tout simplement : « Mais, voyez donc, je vous aime ! » elle ne l'osait pas. Était-ce réserve ? je le crois. Craignait-elle qu'il ne prît pas ses paroles au sérieux ? c'est possible. Ne voulait-elle pas entacher son amour du péché originel ? je n'en sais rien.

Et lui, plongé dans ses extases égoïstes et dans sa vague béatitude, devenait de plus en plus sourd, muet, aveugle et imbécile. Voilà comment l'esprit vient aux garçons !

II

Ainsi Marie se dépoétisait en pure perte ; son petit manège ne pouvait rappeler Jacques à la réalité. L'électricité s'amoncelait sur le sol où était Marie, dans les nuages où était Jacques ; il fallait absolument une étincelle, mais Marie, nouveau Franklin, avait beau lancer des cerfs-volants, ils n'arrivaient jamais assez haut.

Pendant que ces choses se passaient, ou plutôt pendant que rien ne se passait, Jacques retrouva un de ses vieux amis de collège, qu'il avait perdu de vue depuis quelques années. Paul entra immédiatement en fonctions de confident et de conseiller. Il n'avait guère que deux ans de plus que Jacques ; mais il se donnait comme ayant beaucoup vécu, par suite beaucoup souffert, payé pour connaître les hommes et surtout les femmes, de sorte qu'il était sceptique et cruel, et visait à la dictature. J'ai subi dans ma jeunesse quelques-uns de ces amis homéopathes, qui, pour me prouver que j'avais tort de souffrir, s'amusaient à me faire saigner le cœur, et me blessaient dans mon amour, et dans mon amitié. Un soir que Jacques, selon son habitude, exaltait les qualités de Marie, Paul se mit à contester très sérieusement les mérites de la jeune femme, et prouva à Jacques qu'il s'en fallait de beaucoup qu'elle fût aussi belle qu'il voulait bien le dire, que ses manières n'avaient rien d'extraordinairement distingué, et qu'enfin tout ce qu'elle disait était vieux et commun. Vous voyez la scène : stupéfaction, indignation, fureur, exaspération d'un côté ; de l'autre, calme, froideur, scepticisme, mots piquants. La discussion devient dispute ; on parle de duel, et l'on prend heure pour le lendemain. Mais, pendant la nuit, Jacques a réfléchi. Il s'est dit qu'après tout il pourrait bien se faire que Paul n'eût pas tout à fait tort, et s'est promis d'étudier sans passion la femme qu'il aime. On ne se battit pas, mais l'admiration de Jacques reçut un coup mortel.

III

Voilà donc Marie, une des femmes les plus justement estimées pour la délicatesse et la vivacité de son esprit, soumise à l'analyse de M. Jacques, qui reconnaît bien vite le néant de ses illusions. Loin de lui faire de la peine, cette découverte le remplit de joie, l'orgueilleux. « Ce n'est pas tout à fait ce que j'avais cru, pensa-t-il, mais il y a de l'étoffe. Elle est charmante tout de même! D'ailleurs c'est un trésor de bonté. Et puis, quoi qu'en dise Paul, elle est belle... trop belle peut-être...: Bah! il faut que je lui montre que, si je ne possède pas les dons de la figure, j'ai comme compensation ceux de l'esprit, et alors... »

Jacques ne finit pas sa pensée, car il n'osait encore regarder dans l'avenir. D'ailleurs, il y a des pensées de toutes sortes ; les unes montent au ciel comme des fusées volantes, s'éparpillent en gerbes de feu... et puis... la nuit ! — Ce sont les pensées enthousiastes. D'autres coulent complaisamment comme un ruisseau et se dorlotent dans leur lit jusqu'au moment de leur chute. Si la hauteur est considérable, à mesure qu'elles s'approchent de la terre elles se divisent, s'émiettent, se mettent en rosée, se dispersent dans l'atmosphère... et puis... le brouillard ! — Ce sont les pensées égoïstes. Les pensées de Jacques qui, dans le principe, étaient de la première espèce, avaient fini par être de la seconde, de sorte qu'il continuait à voir trouble.

Ce fut un beau jour pour Marie que celui elle où s'aperçut que Jacques commençait à traiter avec elle de puissance à puissance. Il babillait, plaisantait, disait des phrases de grand journal et des mots de petit format, et était la plupart du temps complètement absurde. Elle aurait pu cent fois le faire entrer sous terre ; elle s'en gardait bien, se disant que tout s'arrangerait, et qu'il fallait d'abord voir au plus pressé. Mais le plus pressé se faisait attendre. N'oubliez pas que Jacques n'avait que vingt-cinq ans. Certes, actuellement, nos jeunes gens sont blasés à cet âge, — on le leur persuade, c'est tout comme, — mais, mes vieux amis, de notre temps ce n'était pas comme cela. Nous étions aimables, entraînants, étourdissants, quand il y avait beaucoup de monde autour d'*elle;* nous avions à son adresse des mots pleins de hardiesse et de machiavélisme; nous l'eussions même embrassée sans rougir ; mais dans le tête-à-tête nous ne valions plus rien. Pour les choses indifférentes, la conversation marchait encore tant bien que mal; mais les mots d'amour étaient si gros que jamais, non jamais un seul n'eût pu passer par notre gosier. Jacques était précisément comme cela. Notez que pour excuser sa timidité les bonnes raisons ne lui manquaient pas ; certes, ce n'était pas une femme supérieure, mais elle était si bonne qu'il craignait de lui faire de la peine; puis, si elle allait se courroucer et lui interdire sa maison ? Il se trouvait si bien dans son intimité ! Et puis elle était si belle, si riche, et lui n'avait ni beauté, ni fortune, etc., etc.

IV

Or il était dit que Jacques perdrait une à une toutes ses illusions. Cette fois ce fut la femme de chambre qui rompit le charme. Avait-elle ses vues sur Jacques? ce point est resté obscur. Toujours est-il qu'elle semblait prendre à tâche de rabaisser sa maîtresse. Il avait souvent conseillé à Marie de la renvoyer; mais Marie souriait, haussait les épaules avec insouciance et répondait qu'elle tenait à ses habitudes. Quand Jacques arrivait avant l'heure, — et c'était fréquent, — souvent on lui disait que madame était chez son dentiste; d'autres fois il apprenait combien la tailleuse de madame était adroite. Un jour, par la porte laissée entr'ouverte, il aperçut le cabinet de toilette de Marie et, — faut-il le dire?... je le dirai sous peine de faire crier au réalisme, — il vit deux énormes fausses nattes à califourchon sur le dossier d'une chaise. Enfin tous les secrets cosmétiques de madame lui furent dévoilés. De plus Marie perdait ses couleurs; le chagrin et l'insomnie laissaient leur empreinte autour de ses yeux. « Tiens! se dit Jacques; mais, au fait, j'étais bien bon de me prosterner ainsi devant cette idole de clinquant. Certes je ne suis pas un Adonis, mais monsieur vaut madame. C'est décidé, demain je lance ma déclaration. »

Jacques ne lança pas sa déclaration, car il était véritablement épris. La poésie s'était envolée, mais l'amour restait sur la terre. L'espoir était entré dans le cœur de Jacques, et, avec l'espoir, les pensées d'une jeune imagination et les désirs de sens novices. Il était heureux de toutes les imperfections qu'il avait découvertes chez Marie. Elles le rehaussaient à ses yeux, et il s'enorgueillissait d'être, sur certains points, l'égal de celle qu'il aimait. L'ange avait disparu, il n'y avait plus que la femme. Ceci nous explique comment les vieilles et les laides trouvent si facilement de jeunes et beaux garçons. Ce n'est pas toujours parce qu'elles font le premier pas, croyez-le bien; mais les autres, se sentant plus forts sont plus audacieux. Alors, dame! l'occasion.

L'occasion n'était pas encore venue pour Marie. Jacques avait un scrupule qui fait honneur à son caractère. Marie était fort riche, et lui n'avait qu'une fortune médiocre et une petite position, et il craignait qu'on ne pût le soupçonner d'un calcul. Je ne m'étendrai pas sur ce côté de la question, que vous trouverez détaillé dans tous les romans. Vous prévoyez ce qui va arriver : un beau jour Marie sera à peu près ruinée? Vous avez deviné juste. Ce jour-là, Jacques tressaillit de joie et laissa déborder son cœur. Pour la consoler, il lui prit les mains et les sentit trembler. Les paumes se touchèrent et instantanément il s'y développa une chaleur inconnue qui reflua au cœur. Les yeux de Jacques rencontrèrent ceux de Marie, qui lui renvoyèrent l'étincelle électrique : le courant fut établi.

— Pardonnez-moi, madame, lui dit-il, je ne suis qu'un misérable égoïste, mais je suis heureux du coup qui vous frappe. Je puis donc vous dire combien je vous aime.

— Je le savais, répondit simplement Marie.

— Je puis donc oser... car je lis dans vos yeux que vous aussi.....

— Ne le saviez-vous pas? interrompit-elle.

V

Ce ne fut pas une belle noce, non. Pas d'invités, à l'exception des témoins qui encore furent froids et sobres et ne jetèrent pas de boue sur la robe de la mariée. Enfin ce fut triste. Mais aussi, le soir, quelle revanche! Tout ce que la passion tempérée de pudeur, tout ce que l'esprit tempéré de bonté peuvent dicter à une jeune femme, jaillit avec vigueur de cette âme trop longtemps comprimée. Quelle enivrante musique que ce doux caquetage du tête-à-tête où les mots sans suite sont les meilleurs! Oh! que le *souviens-toi* a de charmes dans ces moments-là! Comme on est heureux de s'entendre raconter dans ses plus minutieux détails l'histoire de ce cœur qui vous appartient tout entier! L'homme aimé, qui est égoïste, fait l'inventaire de ses richesses, et se dit : « Allons! il y en a pour longtemps. Oui mais, malheureusement, l'homme aimé est dissipateur; il a bien vite gaspillé ses trésors. Ah! mes amis, ce temps n'est plus pour nous!... comme nous serions économes!

Jacques marchait de surprise en surprise; mais ce ne fut pas tout.

J'ai lu quelque part l'histoire d'un jeune et brave chevalier, qui, forcé d'épouser une fée archicentenaire, trouve dans ses bras, au lieu d'une hideuse vieille, une femme resplendissante de jeunesse et de beauté. Ce conte merveilleux était, cette fois, une réalité. Plus de faux cheveux, plus de fausses dents, plus de difformités! La figure de Marie avait reprit tout son éclat; ses yeux rayonnaient de bonheur.

Qui fut ébahi? ce fut Jacques.

— Comme j'ai été trompé! s'écria-t-il. Décidément, nous ne pouvons garder cette femme de chambre.

— Pourquoi donc, mon ami? Cette fille m'est dévouée. D'ailleurs...

— D'ailleurs?

— Elle n'a agi que d'après mes ordres. Sois généreux, mon ami et pardonne-moi. Pour te plaire, je suis descendue du ciel où ton imagination m'avait placée; tu faisais de moi un ange, j'ai préféré être ta femme.

— Coquette!

VI

Comme vous le pensez bien, la ruine de Marie n'était qu'un vieux moyen de comédie. Pour rendre la surprise de Jacques plus complète, et pour qu'il ne se crût pas sous sa dépendance, l'imprudente, ne s'était constitué qu'une très petite dot, de sorte que Jacques, par le fait, se trouvait à la tête d'une fortune considérable. Dans les premiers temps, content de son bonheur, il fut simple dans sa mise et modeste dans ses goûts, car il lui répugnait de toucher à des richesse qu'il regardait comme n'étant pas à lui; mais il vit Marie si malheureuse de cette réserve, qu'il se laissa aller à quelques concessions. Bientôt, le bonheur ne lui suffisant plus, il voulut y joindre le plaisir. Le luxe arriva. On alla dans le monde et l'on y fut reçu à bras ouverts. Jacques, en peu de temps, devint un élégant, un homme à la mode. Se voyant ainsi fêté, cajolé, admiré, il acquit un orgueil incroyable. Après avoir commencé par se comparer à Marie, il finit par la comparer aux autres femmes. Quelques-unes, avides, coquettes ou jalouses, lui tendirent des pièges dans lesquels sa vanité le fit tomber. Il fit pour elles de folles dépenses ; et Marie, délaissée, voyant sa ruine prochaine, n'eut même plus, pour rappeler à elle son mari, sa beauté que les larmes avaient flétrie, les élans de ce cœur dont il s'était détaché et les saillies de cet esprit qu'il avait cessé de comprendre. Quand les vrais amis de Jacques lui faisaient des reproches sur sa conduite.

— Que voulez-vous, leur répondait-il, elle est, aussi, par trop sotte.

UN ENFANT ADOPTIF

Il venait à peine de naître lorsque sa mère mourut, le laissant orphelin. On le confia aux soins d'une nourrice étrangère, qui l'adopta et le traita comme ses deux enfants : car, d'après le proverbe, quand il y en a pour deux, il y en a pour trois, — en privant un peu le troisième, et beaucoup les deux premiers. — Mais on ne calcule pas à cet âge, et l'on n'a pas de ces mesquines préoccupations qui mettent si souvent la désunion dans les familles.

A vrai dire, la sympathie ne fut pas très vive en commençant. Le nouveau venu fut moins aimé que toléré ; mais, comme dit encore le proverbe, l'habitude est une seconde nature ; et, à la longue, la plus grande intimité s'établit entre la mère, les deux enfants et l'étranger.

L'étranger se nommait Black. C'était un king's-charles de pure race. Ces animaux sont friands, paresseux, voluptueux et chasseurs, ce qui explique l'intrusion de Black dans une famille de chats. Qui sait si, primitivement, les king's-charles n'ont pas été chats, ou plutôt si les chats n'ont pas été king's-charles ? Quoi qu'il en soit, Minette, — ainsi se nommait la mère chatte, — Minette, après avoir confondu dans sa sollicitude le petit Black et ses enfants, ne tarda pas à avoir pour lui une affection toute particulière : l'amour du nouveau ! Minette était chatte.

Et je comprends que tout fût sacrifié à Black, car c'était en vérité un bien aimable vaurien. Il avait la beauté, la gentillesse, les allures et les vices d'un marquis de comédie. Débraillé, ébouriffé, alerte, leste, sémillant, l'œil vif et plein de feu, hardi en amour, adroit à la chasse, il séduisait tout le monde par un heureux mélange de sentimentalité et de persifflage. Mais ces dons de la nature étaient au service des plus mauvais penchants. Passe encore s'il n'eût été que gourmand et paresseux ! mais il était au suprême degré sanguinaire, destructeur, astucieux, hypocrite, mauvais camarade, et savait à merveille exploiter les préjugés de sa maîtresse contre la race féline. Ses yeux, miroirs trompeurs de son âme, mentaient mieux que ceux d'une coquette, et, pendant que ses frères de lait s'abandonnaient à tous les écarts de leur nature avec cette indépendance de caractère que j'ai toujours admirée chez les chats, lui s'arrangeait de manière à passer, non pas pour un petit saint (ce qui eût été maladroit, car on a bien vite assez des petits saints) mais pour un enfant gâté, plein de gentillesse et de bons sentiments. Témoin des corrections administrées aux jeunes chats, il possédait à fond son code pénal et savait ce qui était permis ou défendu. Aussi, sans se soucier aucunement des innocents, il se laissait facilement prendre en flagrant délit de peccadille. Un crime avait-il été commis, il arrivait près de sa maîtresse qui grondait, la regardait de ses yeux francs, limpides, intelligents, remuait gentiment la queue, caracolait sur ses longues griffes, et allait de droite à gauche comme pour chercher le criminel. Certainement, s'il eût pu parler, la dame l'eût institué juge d'instruction et grand justicier de messieurs les chats.

Qui ouvrait les placards ? — les chats. Qui renversait le pot-au-feu pour dérober le bœuf? — les chats. Qui écharpait les robes, déchiquetait les rideaux, saccageait les dentelles, démaillait les tricots, embrouillait les écheveaux, brisait cristaux, verres, porcelaines, bousculait l'étagère, fourrageait la jardinière et mettait les fleurs en capilotade? — encore les chats. On disait toujours : *c'est les chats*, quand on aurait dû dire : c'est le chien. Et verges de fonctionner! Et, pendant le châtiment, il se tenait coi et tremblant, faisait son air triste et compatissant, mais riait en dedans, l'hypocrite. La bonne avait beau prendre la défense de *ses* chats, on ne l'écoutait pas. Les maudites bêtes étaient capables de tout! Il fallait les donner faire perdre, les jeter à l'eau, les empoisonner, car ils étaient incorrigibles! En attendant, comme on désespérait de les corriger, on se contentait de les faire souffrir.

Chose extraordinaire chez une chatte, Minette voyait absolument du même œil que sa maîtresse. Black, s'il eût été son fils, n'eût assurément pu tromper ni ses yeux ni son cœur, puisque la chanson le dit; mais Black n'était que son nourrisson. Elle pouvait ensuite avoir assez d'expérience pour connaître le cœur des chats, mais pas assez pour connaître le cœur des chiens. Enfin, faut-il le dire? elle était égoïste : elle voyait que les chats n'étaient pas bien en cour, et, comme en définitive ses fils n'étaient plus rien pour elle, elle se tenait prudemment à l'écart, semblant dire : « Voyez! moi, je ne suis pas une chatte comme les autres. » O domesticité!

Les deux frère chats, détestés dans la maison, recevant plus de coups que de morceaux de viande, prirent des habitudes de vagabondage. Ils vécurent de maraude et coururent les chattes de mauvaise vie. Pendant quelque temps, ils se hasardèrent à revenir irrégulièrement au logis, lorsque la faim les pressait; mais ils étaient tellement maigres, tellement crottés, tellement couverts de sang et de cicatrices, qu'ils faisaient horreur et dégoût, et qu'on les chassait bien vite. Enfin ils ne reparurent plus. L'un fut surpris faisant sa cour aux pigeons du voisin et exécuté sans forme de procès, l'autre s'étant aventuré à suivre la chatte d'un savetier, eut l'honneur de paraître au banquet de la Saint-Crépin.

Bon débarras pour la maîtresse, grande perte pour Black, affreux malheur pour Minette ! Les chats n'étant plus là pour endosser les méfaits du king's-charles, il fut obligé d'être sage pendant quelque temps, et, quand son naturel reprit le dessus, les soupçons se reportèrent sur la chatte. Cependant tout alla bien en commençant. La chatte et le chien faisaient assaut de câlineries auprès de leur maîtresse. A table, ils prenaient leur part du repas. Black assis sur les genoux de la dame, Minette perchée sur ses ses épaules allant de l'une à l'autre, ronronnant, pétrissant sa collerette, se caressant à ses cheveux. Au moyen d'un regard où d'une murmure, le king's-charles obtenait gâteaux et biscuits tout frais (car il dédaignait les friandises de la veille). La chatte, aimant mieux prendre que mendier, avançait familièrement la tête, et, d'un coup de patte furtif, saisissait les meilleurs morceaux jusque dans la bouche de la dame, qui riait de bon cœur. C'était charmant! Mais le plus curieux était de voir Black et Minette prendre leurs ébats dans le salon. Je m'explique : Black jouait *de* Minette et non pas *avec* Minette. Ces plaisirs n'étaient plus du goût de la vieille chatte, mais elle aimait tellement son enfant adoptif qu'elle se prêtait complaisamment à tous ses caprices. Le diable noir, l'œil sanglant, la griffe prête, la dent acérée, se jetait comme un furieux sur la chatte, qui se renversait sur le dos, rentrait ses ongles et se contentait d'étreindre doucement son nourrisson entre ses pattes, comme si elle eût voulu le presser sur son cœur. Black se dégageait brusquement, saisissait la patiente par le cou et la traînait sur le parquet comme une vieille pantoufle. Mais le poids était lourd. Bien vite fatigué de tirer, il mordait, et la pauvre chatte, jurant et miaulant, se sauvait pour ne pas se venger.

Jusque-là, Minette en était quitte à bon marché, Mais bientôt Black, cédant aux sollicitations de son mauvais génie et sûr de l'impunité, reprit le cours de ses escapades. Qui paya? ce fut nécessairement Minette. Elle eut beau venir se plaindre et gratter à la porte, la porte ne s'ouvrit plus pour elle. Alors, désespérée, elle allait se coucher sur l'appui de la fenêtre de la cuisine. Là, d'un œil vague et mélancolique, elle regardait passer le monde dans la rue, heureuse lorsque Black, s'ennuyant tout seul, venait auprès d'elle, moins pour lui rendre visite que pour se chauffer au soleil.

J'ai oublié de vous dire que cette histoire, dont j'ai été témoin, se passe dans une petite ville de province. En province il y a encore un peu de liberté, — surtout pour les bêtes, — et, si les établissements publics doivent être fermés à dix heures du soir, en revanche, oies, dindons, canards, pigeons, poules, et poulets, bœufs, moutons, porcs, chats et chiens peuvent vaguer et s'ébattre à l'aise sous l'œil débonnaire de la municipalité.

Or la fenêtre sur l'appui de laquelle Black et Minette se trouvaient un jour réunis était élevée seulement de quelques pieds au-dessus de la rue. Un gros chien vint tout en flânant chercher sa pâture dans les balayures du coin. On sait combien les chiens ont l'instinct de la propriété. Le moindre roquet devient un lion lorsqu'il se sent chez lui. Hélas! les bêtes ne valent pas mieux que nous. Black fronça les sourcils, dressa les oreilles ; ses yeux s'allumèrent de colère, d'indignation. Était-ce bien possible? Un chien sans aveu venir ainsi porter atteinte à sa propriété, n'était-ce pas sa maison à lui, Black, n'était-ce pas son coin, n'était-ce pas ses balayures? Il n'y avait donc personne pour chasser le vagabond ? Black, sans pitié comme ceux qui n'ont jamais souffert, querelleur comme ceux auxquels on passe tout, Black, fut immédiatement sur pattes, sauta à terre et attaqua hardiment le larron. Le mâtin méprisa d'abord le roquet. Celui-ci, furieux de ne pas rencontrer de résistance, fit usage de ses dents. Ma foi, le gros chien impatienté se retourna et posa sa lourde patte sur l'échine du king's-charles, en grondant sourdement.

Ceci se passait sous les yeux de la chatte. Quand elle vit le danger que courait son enfant adoptif, elle n'écouta que son cœur, d'un bond elle s'installa sur le cou du gros chien, tel un singe sur un ours, et de là s'escrima tout à l'aide des griffes et des dents. Nez, oreilles, yeux, rien ne fut épargné. Ivre de douleur, le mâtin lâcha son prisonnier, se retourna, fit un écart, désarçonna la chatte, la happa et la laissa morte sur place. Je serais presque tenté de croire que la dernière pensée de Minette fut pour Black, mais on prétend que les bêtes ne pensent pas.

Naturellement Black ne s'était pas amusé à attendre la fin du combat. Quand il crut le danger passé, il se décida à rentrer chez lui. Il trouva près de la porte le corps inanimé de celle qui avait été sa seconde mère, la compagne affectueuse de ses plaisirs, et qui venait de lui sacrifier son existence. Croyant qu'elle dormait, il la mordit à plusieurs reprises afin de la réveiller ; mais elle ne bougea pas. Étonné de l'immobilité du cadavre, il en fit deux ou trois fois le tour, puis s'approcha et le flaira curieusement. Alors ne doutant plus que Minette fût morte, il leva la patte.....

MARIONNETTES

I

— Vous m'embarrassez, dit le monsieur, et s'il m'était interdit d'avoir recours à ce que les rhétoriciens appellent *les précautions oratoires*, je me verrais obligé de vous donner galamment gain de cause. Vous m'avez cru assez honnête homme pour faire de moi votre ami, rien de plus. Confiante en mes quarante ans, sûre que vous seriez à l'abri de mes imaginations et de mes désirs, vous m'avez pris à votre service comme un conseiller désintéressé, un directeur inflexible mais ennemi de capucinades. Rendez-moi la justice de convenir que je ne suis pas sorti des termes de cette convention tacite. Je m'en serais bien gardé. Trouvant en vous un cœur droit, des idées sympathiques, j'ai conservé soigneusement cette ingénuité que l'âge n'a pu détruire en moi, et qui est une force, à une époque où tout le monde cherche à se tromper. Vous m'avez probablement trouvé plus d'une fois bavard et indiscret, mais jamais vous n'avez pu rire d'une fadeur ou vous alarmer d'une tentative de déclaration. La pensée ne m'est même pas venue qu'il fût possible qu'un jour quelques serments d'amour pussent se glisser dans mon amitié.

— Oh! oh! fit la dame en riant, prenez garde! vous disséquez trop.

— Bah! répondit-il, le sujet est sain, le scapel est bon, l'œil est exercé, la main solide : je ne me blesserai pas... Où en étais-je ?... Ah!... Maintenant que j'ai terminé mon exorde insinuant, je vais prendre la liberté de vous parler en toute franchise.

— Enfin! dit la dame.

— Vous êtes jeune, vous êtes certainemement la plus belle femme de notre monde élégant, vous êtes même la plus jolie, j'ajouterai la plus gracieuse, pour vous faire la part belle.

— Voilà une terrible menace, s'écria la dame ; j'attends le *mais*.

— Attendez! votre esprit, exubérant de sève et de saillies, est cependant plein de tact et d'à-propos : vous triomphez sans blesser, comme disaient les anciens ; votre voix est harmonieuse : vous diriez des sottises, — si c'était possible, — que l'on vous écouterait pour le plaisir de vous entendre.

— Voyons le *mais*, dit la dame impatientée.

— Pas encore! Votre cœur est excellent ; heureuses les infortunes qui se trouvent sur votre passage!

— *Mais?*

— Nous y voilà! Donc vous vous demandez comment il se fait qu'étant ainsi dotée de la nature, vous voyez le vide autour de vous. Vous semblez environnée d'une balustrade : les hommes s'y pressent à la casser, mais ne se hasardent jamais à entrer dans le cirque.

— Halte-là! dit la dame. Votre franchise va trop loin... Ils n'y entrent pas... ils n'y entrent pas... d'abord... parce que je ne veux pas qu'ils y entrent.

— Et ensuite... parce que vous ne pouvez pas vouloir le contraire. Expliquez-moi, s'il vous plaît, pourquoi, depuis que j'ai l'honneur et le bonheur de vous connaître, d'apprécier vos bonnes qualités, je suis resté près de vous aussi froid que le premier jour. J'ai pourtant un cœur comme les autres, et j'ai eu de plus que les autres le courage d'entrer dans le cirque, comme je disais.

— Passons, fit la dame ; je n'aime pas les personnalités.

— Ce n'est pas une personnalité, c'est une tout petit exemple d'une règle générale. Or je me suis bien souvent posé le problème.

— En vérité !

— Et je crois l'avoir résolu.

— Je vous remercie, dit la dame ; cela me prouve au moins que vous daignez vous occuper de moi. Je suis fière d'être pour vous un sujet d'études.

— Tout le monde n'a pas ce privilège, répondit modestement le monsieur. Je n'ai que deux façons d'agir : la franchise et le silence. Muet avec les indifférents...

— Parlez donc, alors !

— Je ne fais pas autre chose. Maintenant, permettez-moi de vous adresser une question : vous avez lu des romans de toutes les couleurs, eh bien, là, entre nous, croyez-vous à l'instantanéité de l'amour ?

— Quelle impertinence ! Est-ce que je connais ces choses-là ? On ne les connaît que lorsqu'on les éprouve. Je ne sais si mon mari m'avait aimée *instantanément*, en tout cas, il ne le fit guère paraître. Quant à moi, peut-être que, s'il eût vécu, j'aurais fini par l'aimer ; peut-être bien aussi que j'aurais fini par le haïr.

— Et probablement ni l'un ni l'autre.

— Que voulez-vous dire ?

— Tout simplement que vous vous seriez résignée à végéter. Il est des plantes qui trouvent toujours moyen de s'accrocher à quelque chose ; d'autres qui s'effilent tout droit dans le vide. Vous eussiez été de ces dernières... Mais ce n'est pas encore de vous qu'il s'agit ; il s'agit des hommes. L'amour foudroyant est une maladie qui disparaît. Nous vivons à la vapeur ; les affaires ne nous laissent pas le loisir d'aller cueillir le myosotis et d'effeuiller la marguerite. On achète, il est vrai, à la Bourse, des promesses d'actions, mais on veut au moins que ces promesses soient un titre. Quand on pense qu'il n'y a rien à faire, on tourne incivilement les talons et l'on voit ailleurs. La galanterie ? la passion ? ces choses-là étaient bonnes pour les chevaliers désœuvrés du moyen âge. Plus tard il y eut des raffinés, il n'y a plus guère aujourd'hui que des sceptiques, ne voulant pas prendre la peine de chercher la qualité, et tenant avant tout à satisfaire leur appétit. Ce qu'il nous faut, c'est la jouissance, la jouissance immédiate. Nous nous attachons encore, je dois en convenir, à ce que nous possédons, parce que nos passions y trouvent leur compte, sûrement, sans délai, sans fatigue, sans danger ; mais nous y regardons à plusieurs fois avant de nous donner bien du mal pour un plaisir lointain et problématique.

— Quel abominable homme vous faites ! s'écria la dame. Parlez pour vous au moins, et ne calomniez pas vos semblables.

— Hélas ! ce ne sont plus mes semblables, c'est pourquoi j'en dis du mal. Moi, je suis revenu des délicieuses erreurs de la jeunesse ; je fais le sage parce que je ne puis plus être fou. La femme qui parviendrait à me galvaniser ferait un miracle.

— Invite à l'as ! dit la dame en souriant.

— Oh ! rassurez-vous. Cette femme, en aucun cas... Bon ! j'allais faire quelque maladresse.

— Ne vous gênez pas. Et pourquoi, s'il vous plaît, cette femme ne pourrait-elle être moi ?

— Mon Dieu, vous êtes tellement au-dessus du blâme comme de l'éloge que ma franchise compte un peu sur l'impunité. Admettez que je possédasse encore la jeunesse, l'esprit, l'élégance, la foi surtout, eh bien, sur ma parole ! je crois que je me tiendrais à distance, comme cet essaim de jeunes hommes dont je parlais tout à l'heure. Je m'explique. Passé vingt-cinq ans, nous cessons d'être amoureux pour devenir affairés. L'heure implacable nous étreint de ses soixante griffes. Avant dix ans nous compterons par secondes. Le chronomètre est la personnification de notre état social. Tout est réglé : il y a les heures des affaires, il y a les heures du plaisir, — je ne veux pas profaner le mot Amour. — La foi s'en est-elle allée? je ne crois pas ; mais elle est devenue positive, égoïste, aimant ses aises. Aujourd'hui nos églises sont resplendissantes des chefs-d'œuvres de l'art ; les chanteurs de l'Opéra s'y font entendre ; elles sont pourvues de calorifères, on va y établir des divans bien rembourrés. Il en est de même de ce que l'on appelle improprement Amour. Il faut que le temple soit décoré, meublé, surtout chauffé ; il faut encore que la cloche appelle les fidèles à l'office.

— Et qu'est-ce que cela a de commun avec moi?

— Je veux dire que votre cœur est naturellement froid, et qu'artificiellement il ne saurait battre, puisque vous avez eu soin de retirer la corde.

— Bon ! dit la dame ; il faudrait, selon vous, que je laissasse pendre la corde, au risque de voir quelque pataud, avec ses grosses mains...

— Bah ! interrompit le monsieur, la corde est toujours en mouvement, et les patauds manquent d'adresse.

— Eh ! qui sait? Un peu d'imprudence d'un côté, un peu de chance de l'autre, un rien suffit. Un malheur est si vite arrivé !

— Restez donc seule chez vous, laissez votre église déserte. Si, par suite de quelque agitation de l'air, la cloche rend un son, savez-vous ce que diront les voisins? Ils diront : c'est l'orage qui souffle par là, mais il n'y a personne ; ne nous dérangeons pas.

— Quelles sottises ! s'écria la dame ; vous mériteriez...

— Quoi ?

— Rien.

Il se fit un long silence. Oh! oui, je crois bien que cela dura au moins une minute. La dame se disait : Si cependant j'étais coquette?... Le monsieur se demandait ce qu'il pourrait bien mériter. Enfin, comme la situation se prolongeait, le monsieur se leva, prit son chapeau, salua et sortit.

II

Le lendemain, madame eut sa migraine qui l'empêcha « à son grand regret » de recevoir le monsieur. Cette migraine insolite dura huit jours. Pendant ce temps, le monsieur qui, comme Fontenelle, ne savait plus où passer ses soirées, s'occupa à mettre un peu d'ordre dans ses souvenirs et dans ses sentiments. C'était un philosophe réaliste, grand admirateur du peintre Courbet et du poète Champfleury, grand abstracteur de quintessence, voulant toujours descendre au fond du puits de Vérité, et n'ayant pour se guider que sa petite chandelle qui s'éteignait à mi-chemin. Mais sa chandelle l'éclairait si peu, si peu, que, quand elle s'éteignait, il ne s'en apercevait pas. Il avait fait de la méthode d'induction, non pas une science, mais un art dans lequel il se croyait très habile. Il disait hardiment : Étant donné ceci, il arrivera nécessairement cela. Quand *cela* n'arrivait pas, il passait légèrement sur le démenti que lui donnait la réalité ; quand *cela* arrivait, oh! alors, il était tout fier de lui. Cette migraine intempestive et tenace de la dame le fit réfléchir, d'autant plus qu'il crut une fois l'apercevoir au fond d'un coupé. Alors il lui vint à l'esprit qu'on ne le tenait éloigné que parce qu'on voulait faire semblant de le craindre. « Évidemment, se dit-il, c'est une petite comédie qu'elle joue ; elle veut tâter mon insensibilité ; je n'ai qu'à bien me tenir. Ce ne peut être que cela. Je suis déjà vieux, je ne suis pas beau, ma tenue est loin d'être irréprochable ; je ne suis qu'une bonne bête d'homme et il y aurait folie à m'imaginer que... allons donc !... J'observerai et j'attendrai. »

Était-il de bonne foi en disant ces choses et en prenant cette résolution ? toujours est-il qu'il se mit à soigner sa personne. La raison avait beau faire sa grosse voix, l'amour-propre avait ses petits tressaillements d'impatience ; mais lorsque l'espérance tentait de tirer un coin du rideau de l'avenir, le doute refoulait brutalement ces velléités d'indiscrétion. Le pauvre homme craignait constamment qu'on ne voulût se moquer de lui, et vous savez ce que c'est qu'une crainte continuelle : elle nous fascine, et il est rare qu'elle n'attire à elle toutes nos facultés. Alors nous nous laissons entraîner comme le petit oiseau dans la gueule du serpent. A partir de ce moment, le philosophe insouciant n'exista plus, il n'y eut que l'homme.

Aussi, lorsque la dame eut fait cesser la quarantaine et que le monsieur eut repris ses vieilles et douces habitudes, fut-il bien étonné d'avoir perdu tout son entrain auprès d'elle. Désormais il y avait entre eux une arrière-pensée. Du côté du monsieur, c'était de la méfiance ; du côté de la dame... je ne sais pas ce que c'était. On passait son temps à s'observer. Ce n'était pas encore l'état de guerre ; c'était quelque chose comme l'état de paix armée.

Quand la conversation est vive, sautillante, jamais lasse, effleurant capricieusement chaque objet et ne se posant sur aucun ; quand elle n'est qu'un jeu d'enfant, en un mot, il nous est bien difficile de ne pas laisser un peu la raison et les convenances au vestiaire pour nous abandonner tout entier au plaisir. On aime la conversation, comme quelques jeunes filles aiment la danse, — pour elle-même. — Le plaisir passé, on serait bien embarrassé de dire quelle en a été la cause et en quoi il a consisté, car, en définitive, ce n'a été qu'un composé de mille riens. Le silence au contraire est terrible, la langueur est funeste. Dans le silence le moindre bruit est perçu, analysé, commenté; le moindre geste a sa valeur; on fait son profit de tout. « Ce monsieur n'est pas aimable, » disent parfois les toutes jeunes filles, lorsqu'on est silencieux auprès d'elles. Les sottes! Ah! si elles pouvaient entrer dans les cœurs et entendre les hymnes qui s'y chantent!... Peut-être qu'elles deviendraient silencieuses à leur tour.

Je ne veux pas parler du cœur de mon philosophe. S'il était intéressé dans la question, ce n'était encore que d'une façon bien inconsciente. Le sceptique n'était au fond qu'un pauvre homme. Il s'appliquait consciencieusement à observer les autres, notait minutieusement les moindres phénomènes, réduisait ses réflexions en aphorismes, et ne voyait pas qu'il faisait plutôt l'histoire de son cœur que celle du cœur humain. Comment voulez-vous qu'un marin observe avec précision un orage, lorsque l'électricité a détraqué sa boussole? Tel était notre personnage. Le soir, rentré chez lui, il consignait par écrit les petites remarques; mais que de remarques n'aurait-on pas pu faire sur ses notes! Voici au reste l'unique page de son journal qu'il nous ait laissée. — On commence toujours un journal, mais il faut une rude persévérance pour le continuer.

III

« *1ᵉʳ mai, huit heures du soir.* — La femme de chambre tarde quelques instants à revenir me dire que l'on peut me recevoir. Y a-t-il irrésolution? qui sait? — Légère et courte rougeur de *** en m'apercevant. Un peu d'altération dans la voix, suite de son indisposition, très probablement. — Il fait froid. Le thermomètre de l'ingénieur Chevalier marque 18 degrés. Cependant les fenêtres sont toutes grandes ouvertes, et la silhouette des croisées d'en face se joue sur le parquet. La conversation est banale, sans suite. J'ai beau fouiller dans mes souvenirs, je ne puis me rappeler ni ce qu'elle m'a dit ni ce que je lui ai répondu. — Pourtant l'heure s'envole, il faut se retirer. Je lui tends la main comme d'habitude ; elle néglige de me tendre la sienne... Hum !

» *Du 2 au 8 mai.* — Mêmes circonstances, même manège, — ce n'est évidemment qu'un manège. — *Vous mériteriez !* ces deux mots me tintent dans les oreilles. — Ceci commence à devenir gênant, fatiguant, ridicule. Eh ! oui, ridicule ; puisque le mot est lâché. Il est aussi ridicule d'hésiter à se jeter à l'eau que de nager mal. Si je feignais une passion, une bonne passion *extra-muros?* Et comment saurai-je si elle me croit ou si elle fait semblant de me croire ?

» *Du 9.* — Temps lourd. Le thermomètre de l'ingénieur Chevalier marque 25 degrés. Les fenêtres sont fermées. La femme de chambre est sortie, et je suis en quelque sorte obligé de faire le ménage. Ce serait charmant si j'étais aimé ; c'est humiliant puisque je ne le suis pas. — Je suis de mauvaise humeur, un peu plus je serais grossier. — Du reste, le tête-à-tête est aussi plat que devant. Le peu d'esprit dont j'étais capable a totalement disparu. Elle doit me trouver bien sot. Ah! si je l'aimais, il me semble que je lui dirais tant de choses. Mais je ne l'aime pas... Quelle folie!... A mon âge!

» *Du 10*. — Changement de décoration: la rose est devenue scabieuse. Madame est tout de noir habillée. Le noir lui va bien, surtout avec des dentelles et des guipures. Je lui conseillerais de s'en tenir là. Pourquoi nos habits noirs sont-ils si grotesques? — Légère nuance de sentiment dans les paroles. Le sentiment, du reste, va bien avec le noir. On s'occupe beaucoup de mes faits et gestes, on me témoigne un intérêt qui frise l'indiscrétion. Quel bon juge d'instruction ferait une femme!

» *Du 11 au 30*. — Mêmes observations. — La comédie continue. — Ma foi! elle mériterait bien... Tiens, c'est justement ce qu'elle m'a dit... Elle mériterait bien que je fisse semblant d'être amoureux d'elle.

» *Du 1er juin* ». — (N'a pas été continué.)

V

Or voici ce qui s'était passé le 1er juin.

— Vous étiez resplendissant, dit négligemment la dame; où alliez-vous donc, ce soir, à trois heures?

— A trois heures?... Attendez... Ah! j'allais faire une visite. Mais où m'avez-vous donc rencontré?

— Au moment où vous sortiez de chez vous. Je vous suivais; j'avais quelques courses à faire dans votre quartier.

— Dans mon quartier? Il n'y a, que je sache, ni

marchands de nouveautés, ni bijoutiers, ni tailleuses, ni modistes, ni libraires, ni commerce de quoi que ce soit.

— Enfin, qu'est-ce que cela vous fait? Je suis libre, je présume, et vous n'avez pas la prétention de me demander compte de ma conduite!

— Pardonnez mes sottes observations, mais vous m'avez questionné la première, et...

— Ce n'est pas la même chose, interrompit la dame; je suis un peu étourdie de ma nature, mais si j'avais pensé devoir être indiscrète...

— Vous ne l'étiez nullement. Et pour peu que vous teniez à savoir...

— Moi? pas le moins du monde!

— Alors je vais tout vous dire. J'allais chez Disderi.

— Le photographe? En habit noir, en cravate blanche? ah, ah, ah!... Oh, je vous en supplie! cédez-moi un exemplaire de votre photographie! Je vous le payerai au poids de l'or.., Ah, ah, ah, ah!

— Eh bien! là, je vous aime mieux ainsi. Depuis quelque temps notre conversation languissait. Nous passions des heures entières à nous observer, et je serais bien embarrassé de dire pourquoi. Il y avait je ne sais quelle gêne entre nous. A la bonne heure, au moins!

— Vous êtes par trop observateur, dit la dame; cela vous portera malheur. Ne m'avez-vous pas fait quelque superbe métaphore sur la plante qui croît dans l'isolement.

— Vous avez bonne mémoire.

— C'est possible! Je vous dirai à mon tour que certaines plantes sont bonnes dont les extraits sont des poisons. Revenons à Disderi, voulez-vous?

— Volontiers! Et, pour peu que cela puisse vous égayer, je vous promets de faire faire mon portrait tous les jours. Même si vous y tenez, je me mettrai en jaquette courte, cravate à la Colin, col rabattu. Je me rajeunirai pour vous plaire. Si je faisais en sorte de n'avoir pas plus de vingt ans ? Qu'en dites-vous ?

— Tenez ! fit-elle au bout de quelques minutes ; voulez-vous que je vous dise une chose ? Je ne crois pas un mot de toute cette histoire de photographie. Un homme comme vous ne se fait pas photographier, et encore en tenue de bal ou d'enterrement !

— Pourquoi pas ? Je ne suis nullement persuadé que pour se présenter aux gens il faille nécessairement être mis comme un voleur ou comme un grand homme. Je ne suis qu'un bon bourgeois après tout. Maintenant, pour vous convaincre, je vous montrerai mon portrait ; je ferai même mieux : je vous apporterai un certificat de Disderi attestant que le 16, à trois heures de relevée...

— Oh ! je ne tiens ni à vos petites horreurs, blanches et noires ni à un autographe de M. Disderi. Je vous crois, et n'en parlons plus.

Ce qui n'empêcha pas que tous les jours la dame prenait plaisir à taquiner le monsieur en lui demandant des nouvelles de sa photographie. Enfin, un soir le monsieur arriva tout triomphant avec une douzaine de petits portraits. La dame en prit un, l'examina, plaisanta beaucoup, mais oublia de le rendre, et le monsieur oublia de le réclamer.

En rentrant chez lui le monsieur avait voulu continuer son journal, mais, après avoir écrit la fameuse date du 1er juin, il s'était pris à songer, et depuis ce moment le journal avait été abandonné.

V

Entre nous, je crois bien qu'il commençait à y avoir quelques vagues instincts d'amour chez le monsieur. En était-il de même chez la dame ? bien fin qui eût pu le deviner. La dame voulait tout simplement mettre à l'épreuve cette philosophique indifférence qui l'irritait malgré elle : elle avait raison. Mais elle finit par avoir tort ; car à force de singer le sentiment, elle se laissa prendre tout à fait. Pour croire il faut pratiquer, dit une école célèbre. Ceci me rappelle la charmante petite scène du théâtre de Guignol, dans laquelle Polichinelle, qui veut faire semblant de dormir, s'endort pour tout de bon. Alors ce fut le monsieur qui eut tort ; car, au moment où il croyait voir bien clair dans le jeu de la dame, la dame le trompait sans le vouloir. Son microscope était trop puissant : il voyait au travers tout ce qu'il voulait y voir et ne s'apercevait pas que les accidents qu'il constatait se trouvaient dans les verres eux-mêmes. — Il faut se défier des microscopes. — Ai-je dit que, malgré tous leurs travers, la dame et le monsieur étaient gens d'esprit au fond ? Ils ne tardèrent pas à soupçonner que cette froideur, cette banalité, ce silence dans lesquels ils se retranchaient pourraient bien n'être pas de mise après leur laisser-aller et leur amical babil d'autrefois. Ils voulurent reprendre ces douces causeries, mais naturellement ils eurent trop de zèle, ils allèrent trop loin. L'une fut plus que spirituelle, elle fut mordante ; l'autre se montra plus que stoïque, il fut presque inconvenant. Alors la dame se disait : « Je n'en aurai pas le démenti ; » le monsieur pensait de son côté : « Je crois que si je me laissais aller... Mais non, il ne sera pas dit qu'on se sera joué de moi. D'ailleurs, si j'avançais, elle reculerait. Ne bougeons pas. » Et loin de ne pas bouger, il reculait. Qu'adviendra-t-il de tout cela ?

VI

— Tiens ! dit la dame ; je n'avais pas encore aperçu l'anneau que vous avez là. C'est, je crois, une alliance.

— Oui, répondit le monsieur, une acquisition que j'ai faite ces jours derniers...

— Ah !... Et... y aurait-il de l'indiscrétion ?...

— Nullement. Je suis entré chez un bijoutier, et...

— Comme une alliance manquait à votre bonheur, vous avez acheté celle-ci ?

— Tout naturellement.

— Voyons un peu, dit la dame.

Le monsieur disait la vérité. L'alliance venait d'être achetée ; elle ne contenait d'initiales d'aucune espèce. Mais, comme il vit que la dame tenait à s'en assurer, il répondit : A quoi bon ! et retira la main. Puis, réfléchissant au rôle indigne qu'il jouait, il se mit à rougir, sortit l'anneau de son doigt et le présenta à la dame, qui ne voulut pas le prendre, et rougit à son tour.

— Tenez, dit-elle, après s'être convenablement remise, permettez-moi de vous faire un reproche. Vous n'êtes plus du tout le même homme ; vous n'avez plus de confiance en moi, vous me cachez vos secrets. Quand je vous parle de ce qui vous intéresse, vous me répondez par des choses de l'autre monde. Vous ne m'aviez pas habituée à une pareille réserve. Autrefois je vous estimais à cause de votre franchise ; vous aviez, comme on dit, le cœur sur la main.

— Le beau mérite ! interrompit le monsieur ; je

n'avais rien dans le cœur. Il n'y a pas de plus prodigues que les gueux.

— Et aujourd'hui vous êtes riche ?

— Et économe, forcément.

— Je le vois bien, dit la dame, et je m'en étais aperçue depuis quelque temps. Il y a de ces symptômes qui ne nous trompent pas, nous autres femmes. Vous êtes du mauvais côté de la quarantaine, mon cher monsieur, et ce n'est pas sans motifs que l'on devient muscadin à votre âge, comme ce n'est pas impunément qu'on se croit aimé. Je n'insiste pas ; je n'en ai ni le droit ni le désir. Du reste ce sont des matières trop délicates. Vous m'avez toujours témoigné la plus grande confiance, et certes, il y a longtemps que vous m'auriez avoué la chose, si elle était avouable. Il faut croire que l'objet aimé... Enfin, je ne veux rien savoir. Je ne suis étonnée que d'une chose, c'est que vous soyez ici.

— Mais, madame...

— Ce n'est pas ce que je veux dire. Je pensais seulement que, dès l'instant qu'il y a de la gêne entre nous, il ne saurait y avoir d'amitié...

— Hélas !

— Et alors, si nos bonnes causeries du coin du feu doivent dégénérer au point de n'être plus qu'un tissu de fadaises endormantes, il vaudrait peut-être mieux...

— C'est-à-dire que...

— Mon Dieu, que vous me comprenez mal ou que vous êtes cruel ! Vous savez bien qu'il y aurait de l'ingratitude de ma part à vouloir rompre nos relations. Les services que vous m'avez rendus ne sont pas de ceux qu'on oublie. Vous avez mené à bonne fin ce procès où ma fortune se trouvait engagée ; en d'autres circonstances moins graves, vous m'avez aidé de vos conseils comme avocat et comme homme d'honneur. Si mon cœur ne se laisse pas prendre aux choses du sentiment, — ceci fut dit avec un peu d'amertume, — il n'a pas été insensible, croyez-le bien, à tout ce que vous avez fait pour moi. C'est parce que je vous suis sincèrement attachée que je vous vois avec peine sacrifier aux bienséances en venant me porter votre personne, lorsque votre esprit voyage dans des régions plus agréables. Vous êtes distrait, inquiet, rêveur ; je ne sais que vous dire, je me sens ridicule. J'aime donc mieux vous rendre votre liberté. Quand vous ne serez plus prisonnier ailleurs, — ce qui ne peut aller bien loin, — vous me reviendrez et je serai toujours heureuse de vous revoir.

— Mais, madame, je vous assure...

— Ne m'assurez rien. J'estime trop votre caractère pour vous obliger à me faire quelque menterie de convention. Puis vous ne me tromperiez pas. Je connais cette... dame. Je l'ai aperçue avec vous au Bois. Elle manque peut-être de distinction, sa tournure est provinciale, sa mise est exubérante, ses mains sont loin d'être aristocratiques, sa figure est légèrement rougeaude ; à cela près, elle est assez agréable ; vous pouviez plus mal choisir... A propos lui avez-vous au moins donné quelques exemplaires de cette fameuse photographie ?

— Mais, au nom du ciel ! madame, laissez-moi placer un mot. De quoi, de qui voulez-vous parler ? Vous me faites réellement trop d'honneur. Moi, un homme à bonnes fortunes ? Si j'étais tant soit peu fat, je pourrais prendre de petits airs mystérieux, mais, je le sens, cela ne m'irait pas. Et puis à quoi bon ? Je n'ignore pas que c'est un procédé pour faire des dupes. — Quand on fait le riche, les cœurs s'ouvrent facilement, comme les bourses. — Mais il me faudrait, pour en arriver-là, oublier ma dignité et oublier à qui je parle. La femme que vous avez vue avec moi au Bois est tout simplement ma belle-sœur, à Paris pour quelques jours. Je vous en donne ma parole d'honneur.

Le monsieur dit cela avec un tel accent de vérité que la dame fut immédiatement convaincue. Sans doute elle fut convaincue, mais elle fut aussi un peu désappointée. Peut-être, au fond, n'eût-elle pas été fâchée de constater qu'il n'était pas doué de cette rigoureuse insensibilité dont il faisait parade. Elle eût été irritée, assurément, mais elle se fût arrangée de manière à n'avoir plus qu'à pardonner. Le monsieur venait de détruire ses illusions. Il s'était rapetissé au lieu de se grandir. Il n'avait pas gagné grand'chose dans l'estime de la dame, et avait beaucoup perdu dans son cœur.

— Je vous crois, dit-elle, au bout d'un instant. Je vois avec plaisir que vous êtes un homme rangé, et je vous en félicite.

— Quant à cet anneau, ajouta le niais, il est complètement vierge du burin. Prenez-le, madame ; prenez-le, je vous en prie, pour mon honneur et pour ma justification. Bon ! le voilà ouvert, examinez !

Il n'est pas bien sûr que la dame ne jeta pas un coup d'œil furtif sur l'alliance, mais le monsieur ne s'en aperçut pas. Toujours est-il qu'elle lui dit brusquement :

— Tenez-vous beaucoup à cet anneau?

— Comme on peut tenir à dix francs qu'il me coûte.

— Eh bien ! fit-elle, il m'ennuie.

Et le prenant sans le regarder, elle le jeta par la fenêtre.

— Et maintenant, ajouta-t-elle, ne parlons plus de cette sotte affaire. D'ailleurs, je suis un peu souffrante et je vous prie de vouloir bien m'excuser.

— Je vous comprends, dit le monsieur en se levant pour prendre congé ; j'avais cependant encore bien des choses à vous dire.

— Il est un peu tard, répondit la dame.

VII

Il était même trop tard. Le lendemain notre philosophe apprit que la dame avait été passer quelques jours au château de X..., chez une de ses amies, ce qui était vrai. Quand elle fut de retour, il voulut reprendre la conversation si malheureusement interrompue par les vapeurs de la migraine. Le séjour de la campagne avait parfaitement réussi à la dame ; ce soir-là, sa figure était rayonnante de santé et de gaieté ; elle avait repris son délicieux sourire et son exquise familiarité d'autrefois ; les beaux jours étaient revenus.

— Mon ami, lui dit-elle, à quoi bon jouer au fin ? faisons notre confession. Il importe aujourd'hui qu'il n'y ait plus de malentendu entre nous.

— Je ne demande pas mieux, répondit le monsieur et je réclame le privilège d'être le premier à faire des aveux.

— Vous m'effrayez, dit la dame. Voyons donc « ce secret plein d'horreur ».

Le monsieur commença l'histoire de son cœur avec ce petit ton sentimental et dégagé mis à la mode par une certaine école de romanciers. Il sentait vivement, mais il craignait le ridicule, et ne pouvait se résoudre à dire tout simplement ce qu'il éprouvait. Cependant, à mesure qu'il parlait, il se débarrassait de tout l'attirail de formules ironiques dont il s'était capitonné en cas de chute, mais qui gênaient sa marche. Il passa ainsi successivement du sérieux au grave, du grave au sévère, et ce fut avec un véritable accent de lyrisme qu'il prononça les mots sacramentels : Je vous aime !

Eh bien, ces mots n'eurent qu'un succès d'estime. La dame fut, il est vrai, sur le point de s'écrier : Que ne parliez-vous ? mais elle se contint par bienséance.

— En vérité ! fit-elle, vous, un sceptique, un homme « revenu des illusions de la jeunesse » ?

— Ah ! répondit-il, l'homme propose, mais la femme dispose.

— Eh oui ! mais faut-il au moins qu'elle sache de quoi et en faveur de qui disposer. Écoutez, mon ami ; c'est encore la franchise qui est le dernier mot de la finesse.

— Ai-je donc manqué de franchise ? fit-il en se récriant.

— Oui et non, répondit-elle. D'après vos aveux, je vois que vous avez eu de la réserve au moment où ce n'était pas adroit, et de la franchise au moment où c'était inhabile.

Vous avez joué avec votre cœur et surtout avec le mien. Et cependant vous nous appelez coquettes ! Ah ! mon ami, puisque c'est le moment des aveux, je vous dirai que, moi aussi, j'ai peut-être eu tort de ne pas vous laisser voir plus clairement que, grâce à ma vanité piquée au vif, je... je n'étais plus tout à fait la femme d'autrefois. Je puis bien le confesser maintenant que je suis guérie. Que voulez-vous ? j'ai compris que, sur ce terrain, je ne serais jamais de force à lutter avec vous, et...

— Et ?...

— Et je suis partie pour la campagne. J'y ai trouvé nombreuse compagnie, entre autres... Enfin, je ne puis mieux me faire comprendre qu'en vous empruntant une de vos comparaisons les plus pittoresques : vous savez, la fameuse comparaison de l'église, de la cloche et de la corde ?

— Je n'ose comprendre.

— Eh bien, malgré moi, je ne sais comment cela s'était fait, mais l'église était moins froide, la cloche vibrait, la corde s'était rapprochée du sol...

— Et un autre a sonné ?...

— ... Hélas !

LOUISE

I

Arthur étudiait le droit depuis trois ans, à Paris.
— On sait la coutume; on sait chez les étudiants
en quoi l'étude se résume. — Mais il avait ceci de
bon que ce n'était ni dans Proud'hon, ni dans
Pierre Leroux l'apôtre, ni dans Cabet, ni dans tout
autre qu'il commentait le droit des gens. Dieu me
garde que je l'en blâme! Arthur, — et sur ce point
admirez son grand sens, — étudiait le droit dans le
cœur de la femme. — Rude besogne, comme on
sait. — Or l'inextricable grimoire dans lequel Arthur
se perdait, au temps où je prends cette histoire,
était, quant au format, coquet et gracieux, intitulé
Louise, et certes, à plusieurs titres, s'en seraient con-
tentés les plus méticuleux. Mais lui trouvait que, à
part quelques fins de chapitre, le livre était fort ennuyeux.

II

Et, de fait, elle avait une grâce pudique, certaine
façon de parler, quelque naïf laisser-aller que son

amant traitait d'un nom moins poétique. Si Louise à certains propos ne pouvait répondre deux mots; si Louise, au milieu de la plus folle orgie, se tenait sérieuse ainsi qu'une élégie ; quand il voulait veiller, si Louise dormait; quand il voulait dormir, si Louise veillait, Arthur résumait tout avec une épithète que, par galanterie, il laissait dans sa tête. D'un seul coup d'œil Arthur jugeait, et d'un seul mot il se vengeait.

III

Cela dépend des goûts, surtout du caractère, et l'on peut préférer, rien ne nous le défend, aux plus douces amours les amours au piment, les pièces de nos jours à celles de Molière, Or, je l'ai dit, Arthur étudiait en droit depuis trois ans, et, pour surcroît, on se trouvait en République. C'est aussi ce qui nous explique comment il put user ses nouvelles amours dans l'espace de trois grands jours, et se laisser aller à la douce musique de ce nom si souvent chanté d'une chose assez rare, au fond: La Liberté.

IV

Il est divers moyens de rompre avec les belles. Les unes pour cela nous donnent bien du mal ; il nous faut combiner querelles sur querelles, et finir par parler du crime capital. Nous disons au hasard : « Je sais tout! » Chose unique ! ces trois mots rarement trouvent une réplique. Et c'est à mon avis un triomphant moyen. Il en est d'autre espèce auxquelles il faut dire : Ma chère, je suis pauvre, et je ne puis suffire, même économisant, à tout ton entretien. Et, voyez la bizarrerie! vous rencontrez souvent un regard qui vous prie, une bouche qui dit d'un ton bien assuré : Oh! mon ami, je t'aime, et je travaillerai. Puis c'est avilissant. Vous en trouvez encore à qui vous dites poliment : Mon bel ange, je vous adore, mais, je vous prie, allez-vous-en ; d'autres, et c'est la pire sorte, que l'on est obligé de jeter à la porte en blasphémant comme un païen ; enfin, d'autres qu'on chasse en ne leur disant rien.

V

Mais Louise! Elle était de tout autre nature. Arthur eût été fou, mais bien fou, de penser qu'il eût pu s'en débarrasser par ces procédés de rupture. Et d'abord, pouvait-il parler de trahison, depuis si peu de temps que durait le ménage? On m'objectera, je le gage, que ce n'est pas une raison. D'accord! mais je réponds : d'une amitié réelle la fillette aimait son amant. Se trouvant très heureuse, elle restait chez elle — peut-être trop fidèlement. Je ne plaisante pas : l'absence est la fontaine de Jouvence où se rajeunit notre amour. — Parler de pauvreté? Par malheur le jeune homme avait un revenu d'une assez forte somme ; il l'avait dit cent fois quand il faisait sa cour ; oui, sa cour, que cela n'ait rien qui vous étonne : Arthur était blasé sur les amours d'un jour, Louise était gentille, honnête, jeune, bonne : puis elle était chez ses parents, lorsque Arthur la connut et se dit en lui-même : Il faut que cette femme m'aime ; son amour me promet des plaisirs délirants. C'était du fruit nouveau. Quels miroirs fit-il luire à ses yeux éblouis? Est-ce que je le sais?

mais toujours fallut-il trois mois pour la séduire, comme il fallut trois jours pour en avoir assez. Ce qui faisait qu'après une cour assidue, les autres procédés étaient peu gracieux pour pouvoir, sans motifs à peu près sérieux, la jeter sans pain dans la rue. Ceci répugnait fort à son *honnêteté*, — ce mot ne me va pas, — à sa timidité. Il se serait fait conscience de ne pas conserver au moins une apparence de justice de son côté.

VI

Donc Arthur... J'ai besoin de parler tout de suite d'un certain peintre peu fameux, lequel, nouveau Samson, croyait qu'en ses cheveux devait résider son mérite. Ce barbouilleur obscur se nommait Hippolyte. Hippolyte habitait dans le même logis qu'Arthur, et jouissait du privilège d'être, avec un demi-cent d'amis du petit-maître, *le meilleur* de tous ses amis. Mais il était le seul qui fût tout à portée pour conduire à son but l'affaire projetée.

VII

Arthur alla trouver Hippolyte et lui dit : Tu peux me rendre un grand service. — Parle, répondit l'autre, use de mon office. As-tu besoin de mon crédit ? je connais Salomon, il est de bonne affaire, et nous ferons valoir l'âge de ton vieux père. S'agit-il d'un duel ? Je serai ton témoin, et, sois tranquille, j'aurai soin d'arranger cela de manière qu'il se morde peu de poussière. Au lieu d'un déjeuner, s'agit-il d'un

souper en féminine compagnie? Je serai ton second :
je connais l'harmonie ; et, soit dit sans trop me vanter, je sais assez bien ma partie.

VIII

—Non, dit Arthur, non, mille fois ! Il n'est question ni de dette, ni de duel à la fourchette, ni de nocturne à quatre voix. Je veux tout simplement te parler de Louise. Elle me désespère avec ses yeux trop grands et ses airs de femme incomprise, et je veux à tout prix la rendre à ses parents. Mais pour que décemment la chose soit possible, tu comprends? il me faut un prétexte plausible. Ce prétexte, je l'ai trouvé, et grâce à toi je suis sauvé. — Grâce à moi ? — Prête-moi l'oreille. Tu vas avec nous deux déjeuner... — A merveille! fit le peintre ; il est vrai que j'étais invité chez le baron... de Jean, mais tu l'as emporté, je suis à toi. —Fort bien ! je continue, A table, tu parles de ton art, de cet art admirable, avec ce regard plein de feu, avec cette parole émue et bien sentie, bref, avec cette modestie qui te caractérise, — peu. La petite t'écoute. Étant grisette et belle, elle désire avoir la reproduction plus gracieuse que fidèle de son minois frais et mignon. On te prie avec insistance; enfin tu promets pour ce soir, dans ta chambre afin d'y mieux voir, à quatre heures une séance.

IX

— Parbleu ! je crois comprendre où tu veux en venir, interrompit l'artiste, et, sur l'honneur, je gage que tu voudrais pour en finir me léguer ce bel héritage, mais tu me permettras, si tu le trouves bon, tout en t'offrant mon ministère, d'accepter la succession sous bénéfice d'inventaire. — Hippolyte, mon vieux! ce que je comprends bien c'est que vous ne comprenez rien. Et vous vous prétendez artiste! Mais c'est usé, cela, c'est triste, c'est en vogue dans le quartier! Ainsi, vous le croyez, sans se faire prier Louise, tout comme les autres, passera doucement de mes bras dans les vôtres! Bonhomme, nous avons quelque chose de mieux; surtout de plus ingénieux, et qui réussira, j'espère. Voici : je suis censé, ce soir, dîner chez toi. Comme tu combattras pour moi, je ferai les frais de la guerre. La place, il te faut l'emporter : ici j'ai bon crédit et je ferai monter tout le champagne nécessaire.

Observons en passant qu'en sa fatuité Arthur comptait bien moins sur la fragilité de son ennuyeuse compagne que sur la vertu du champagne.

X

Arthur continua : « Je ne paraîtrai pas. Louise et toi las de m'attendre, vous vous mettrez à table. A la fin du repas j'arriverai pour vous surprendre. Je serai là tout près et de l'œil je suivrai la marche et les progrès du siège ; enfin je ne me montrerai que le moment venu de vous saisir au piège. Comprends-tu bien le procédé? J'arrive, je vous prends, je te cherche querelle, et je chasse mon infidèle : voilà le motif demandé !

XI

Le peintre ne fit pas de phrases ridicules, car il n'avait pas le moyen de posséder de vains scrupules. — Ce sont objets de luxe et coûteux d'entretien. — Puis il n'aimait pas à surfaire, surtout avec Arthur qui ne marchandait guère ; puis la femme était belle, c'était un bon tour, Hippolyte promit de donner la séance, — quoiqu'il dût dîner chez Véfour avec un ancien... pair de France.

XII

Quand vint le déjeuner, tout alla pour le mieux. Arthur, plein d'un entrain joyeux, dit de ces pointes superfines et de ces charges alcalines qui vous montent au nez, vous font fermer les yeux. Le but de ces lazzis d'élite était de poser Hippolyte. Ce dernier, en effet, fut beau dans son débit, il s'échauffa de sa parole, et s'identifia si bien avec son rôle qu'il eut presque du cœur et presque de l'esprit. L'effet fut produit par la cause : Louise voulut son portrait, — dans ce désir le peintre entrait peut-être bien pour quelque chose ; — l'heure fut convenue et le couple invité, ainsi qu'on l'avait comploté ; enfin, l'étudiant, comme à son ordinaire, se souvint qu'il avait à faire — une course. Il sortit. C'était — du côté de l'estaminet.

XIII

Ce fut là qu'il trouva, sémillante et fleurie, la série A de ses amis ; car il les choisissait en y mettant le prix, et les possédait par série. A peine est-il entré qu'il se trouve assailli par les propos les plus bizarres : « Ah! enfin! le voilà!... Dieu! comme il a vieilli! — Garçon! du café, des cigares! — Mais, mon cher, d'où diable sors-tu? voilà trois jours qu'on ne t'a vu. — D'où je sors? de chez moi. — Messieurs, une nouvelle! (Laissez donc ce billard, Arthur, approchez-vous!) Je vous présente le modèle des amants, bientôt des époux. — Ah! bah? tant mieux! tu fais bien, mon bonhomme, cela montre un cœur vertueux, et c'est rare en ce temps d'égoïsme hideux. — Messieurs, ce discours-là m'assomme. — D'honneur? je parle au sérieux. Allons, dis-nous le nom de la jeune innocente dont les attraits et l'âme aimante sont à toi, fortuné vaurien. — Louise. — Ah! oui, je sais, Louise... Tu sais bien : tu seras heureux en ménage. Elle est, n'est-il pas vrai, douce, modeste, sage? elle possède un cœur naïf et printanier? de plus elle est assez gentille? elle a tout, en un mot, comme une jeune fille, — alors qu'elle est à marier? Tu nous présenteras à madame, j'espère? — Hélas! mes bons amis, hélas! c'est le contraire : je vais devenir veuf. Louise, je la perds. Hélas, encore un coup! mes amis les plus chers; prodiguez-moi vos soins dans ma douleur amère... Mais, par désespoir, je rirai, et pour m'étourdir, je boirai. Garçon! des cartes! de la bière! — Louise? tu la perds? — Ceci, c'est mon secret. Permettez-moi d'être discret. — Puis, d'une âme très peu chrétienne et d'un langage peu chrétien, on

parla des femmes, si bien qu'Arthur en oublia la
sienne. Il s'occupa si chaudement à fumer, à jouer,
à boire, qu'il laissa passer le moment d'aller à son
observatoire. Enfin, après beaucoup de bruit, il ne
rentra que dans la nuit.

XIV

Le premier soin d'Arthur fut d'aller chez l'artiste
s'informer si l'affaire avait bien réussi. Il était même
triste, mais il se consolait ainsi : Ma foi si, comme il
est possible, les choses, pensait-il, ont été jusqu'au
bout, eh bien, j'userai du terrible, du foudroyant.
Je connais tout ! Or, il vit en entrant une chaise cassée,
une causeuse déplacée, une ébauche sur un coussin,
un pinceau buvant dans un verre, des bouteilles
dormant à terre et venant de rendre leur vin, un
chevalet qui, dans sa chute, avait dû s'accrocher à la
table au festin ; tout portait les traces, enfin, et d'une
orgie et d'une lutte. Hippolyte était seul. Au bruit
que fit Arthur, il leva brusquement la tête. Les
éclairs de ses yeux présageaient à coup sûr une
épouvantable tempête. Le voici qui se lève. Il saisit
un pinceau, et brandissant en l'air cette arme meur-
trière, -- pour plus d'un héros de tableau : Arrière !
hurle-t-il, arrière ! Viens-tu pour te moquer de moi ?
Ah ! cette fille est trop niaise ? Va dans ses bras tout
à ton aise te moquer de ma bonne foi ! — Mais, répondit Arthur comprimant un sourire, d'honneur
si j'y comprends un mot ! Explique-toi, que veux-tu
dire, qu'as-tu ? — J'ai que je suis un sot d'avoir mis
bonnement en toi ma confiance. Puis, se drapant
avec cet air majestueux, avec cette noble insolence
qu'on nomme fierté chez les gueux, il s'abattit sur
la richesse, il parla de délicatesse, et des droits

qu'ont les malheureux... que sais-je ? Enfin, après cette averse, la nue se dissipant, le ciel s'éclaircit un peu, et le peintre, d'un air contrit, raconta sa déconvenue. Tout avait assez bien marché jusqu'au dessert. On avait écouté, sans trop de pruderie, ses phrases d'amoureux dégoûté de la vie et d'artiste ayant trop souffert ; mais, lorsque, sur la foi d'un sourire frivole, Hippolyte avait joint le geste à la parole, elle s'était levée à l'instant pour sortir. Vainement il avait voulu la retenir ; elle était peu sentimentale, et l'avait même repoussé d'une façon assez brutale. Enfin elle l'avait laissé, lui criant d'une voix narquoise et saccadée : Adressez-vous ailleurs, mon bon jeune premier ; si jamais j'ai pareille idée, j'irai de préférence avec un chiffonnier.

L'étudiant, comme on le pense, protesta de son innocence. Hippolyte le crut. Lors Arthur s'en alla, se disant : Je n'aurais jamais pensé cela !

XV

Voyez quelle est notre inconstance ! Comme il traversait le palier, Arthur se livrait tout entier à ses enivrantes pensées, qui couraient... qui couraient, sans être embarrassées, pour aller aboutir à ce but singulier qu'il était... dois-je vous le dire ? qu'il était... n'allez pas en rire, — qu'il était amoureux, non plus d'un feu follet, mais sérieusement, amoureux comme on l'est lorsque la vanité, que je crois bonne fille, du rapprochement fait les frais : l'amour-propre et l'amour sont parents de bien près, ils ont même nom de famille. Elle avait résisté ! sur ce thème chéri Arthur se composait un roman favori, Louise n'était plus une chose insipide, un corps sans passion sous une tête vide ; elle avait de l'esprit puisqu'elle résistait ; l'artiste était un sot, et, quant à lui, c'était... Tout en raisonnant de la sorte, il se cogna contre sa porte.

XVI

Mais il ne put l'ouvrir. Elle était prudemment et soigneusement verrouillée. Arthur le remarqua. Son âme doucement en fut bercée et chatouillée. Il frappa plusieurs coups, se nomma plusieurs fois. Enfin, reconnaissant le timbre de sa voix, Louise ouvrit. Mais la pauvrette était dans un état qui faisait mal à voir. Son paquet sous le bras, elle était toute prête à partir ; ses beaux yeux, bordés d'un cercle noir, humides et brillant d'une lueur fiévreuse, témoignaient qu'elle avait pleuré. Son sein se soulevait comme une mer houleuse, et son visage était fortement coloré. — Je n'ai pas voulu, lui dit-elle, te quitter sans t'avoir fait mes derniers adieux. — Louise ! que dis-tu ? ce n'est pas sérieux ? Tu veux m'épouvanter avec cette nouvelle ? Partir ! pourquoi partir ? — Écoute bien ceci, Arthur, je ne dois rien te taire. Je ne puis plus rester ici. Je n'ai pas, mon ami, de reproches à faire... — Louise, eh bien ! moi je m'en fais... — Non, non, tu ne sais pas... — Mon Dieu, si, je le sais ; mais j'ai seul tout le tort. Oui, je te le confesse, je n'ai pas jusqu'ici bien compris ta tendresse ; ce jour m'ouvre le cœur ; ne parlons plus de rien ; mon amour a besoin du tien. Louise ! ne pars pas. Louise ! je t'en prie ! Je serais trop infortuné. Que tout soit oublié, que tout soit pardonné. Vois-tu, je veux changer de vie. Je veux dorénavant ne vivre que pour toi, et de ton bonheur seul faire toute ma loi. Depuis quelques instants mon cœur n'est plus le même ; pardonne-moi mes torts et mon aveuglement. Louise, tu le dois, car vois-tu maintenant... maintenant, je crois que je t'aime.

Deux minutes après, il était dans ses bras, lui demandant encore : bien sûr ! tu resteras ?

XVII

Le lendemain, Arthur, pour terminer la pièce, les yeux pleins de courroux, le cœur plein d'allégresse, fit venir Hippolyte et, faisant un éclat, en acteur consommé lui reprocha son crime, en présence de sa victime, le traitant de fripon, de lâche, de piedplat. L'artiste souffrit tout avec un grand courage (il était convenu qu'une si belle rage n'aurait rien de bien dangereux). Il était convenu qu'il ferait des aveux : il avoua ses torts, mais de telle manière, d'un cœur tout à la fois si noble et repentant, qu'Arthur, qui n'était pas de pierre, crut devoir pardonner « une erreur d'un instant ». Quant à la jeune fille honnête, il fut plus malaisé de faire la conquête de son juste ressentiment. Il fallut vivement attaquer. Vainement le peintre accusa le champagne, disant que, comme il était gris, ses sens avaient été surpris, et tout ce dont on accompagne ces raisonnements de saison. Enfin, comme il lui dit que cette trahison était pourtant au rang des choses excusables, ses charmes seuls étant coupables, il lui fit entendre raison.

XVIII

Et le soir, comme Arthur se trouvait en visite, la jeune fille était seule avec Hippolyte. Elle était soucieuse, il était radieux, et la consolait de son mieux.

Pourtant, pour lui donner des marques de tendresse, Hippolyte faisait d'infructueux essais, car elle lui disait : Laissez-moi, je vous hais ! Je vois avec horreur votre indélicatesse. Hier, très habilement vous avez profité d'un moment de dépit, de colère et d'ivresse ; mais je veux aujourd'hui réparer ma faiblesse : Arthur saura la vérité. Hélas ! que n'ai-je eu le courage de lui dire hier soir, en sortant de vos bras : « Arthur, celle que tu crois sage est indigne de toi. » — Mon ange, ce langage est touchant, j'en conviens, mais vous n'y songez pas. Vous ferez le récit de votre perfidie à l'homme qui vous aime, et, loin d'être irrité, il prêtera l'oreille avec l'urbanité d'un confident de tragédie ! réfléchis, mon enfant ; tu sais qu'il est fougueux. Et puis, tu vas, dis-tu, le détromper ? il t'aime, il t'adore, et, pour prix de cet amour extrême, tu vas le rendre malheureux ? Enfin, ta conscience est plus blanche que neige : il voulait te tromper, il est pris dans son piège ; va, tout autre, à ta place, en aurait fait autant.

XIX

Louise se rendit, — on s'épuise en luttant. — Elle tendit la joue et la paix fut signée. O lecteur délicat, votre âme est indignée ; mais Louise croyait tout ce qu'en lui disait. D'ailleurs, le cœur est ainsi fait : on a bien de parler la généreuse envie : mais le courage manque, on devient incertain, on se dit tous les jours : Je parlerai demain ; les jours se passent... et l'on oublie. Louise fit ainsi. Mais je dois m'arrêter : je n'ai pas aujourd'hui le cœur à plaisanter.

XX

Pour me conformer à l'usage qui veut que chez nous tout roman finisse par un mariage ou bien par un enterrement, — et je l'aimerais tout autant : *Plutôt la mort que l'esclavage!* — je vous dirai qu'Arthur finit par tourner mal. Juste punition d'une action infâme, son amour lui devint fatal : de sa maîtresse il fit sa femme.

L'artiste, quelques jours après, mourut sur une barricade. Arthur le pleura tant qu'il en tomba malade ; Louise n'eut pas de regrets.

FIN

F. AUREAU. — IMPRIMERIE DE LAGNY.

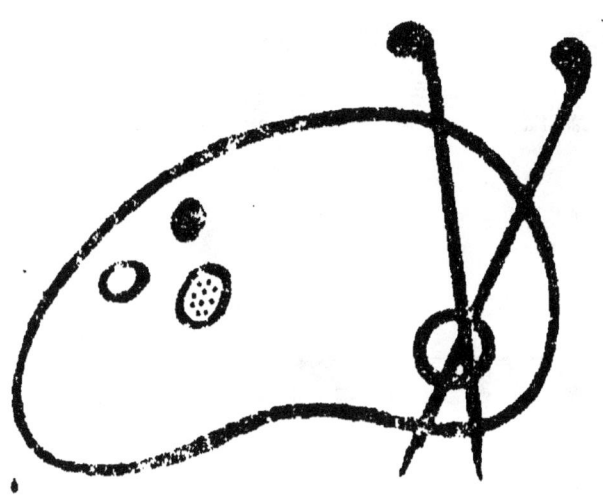

Original en couleur
NF Z 43-120-S

RAPPORT   16

BIBLIOTHÈQUE NATIONALE

CHÂTEAU
de
SABLÉ

1984

www.ingramcontent.com/pod-product-compliance
Lightning Source LLC
Chambersburg PA
CBHW070645170426
43200CB00010B/2129